Sicher ist sicher. Bei aller Sorgfalt, die wir in der Recherche haben walten lassen, können sich Öffnungszeiten auch einmal kurzfristig ändern, oder ein Lokal ist gerade in Ihrer perfekten Woche im Bayerischen Alpenvorland ausgebucht oder geschlossen. Darum empfehlen wir, grundsätzlich möglichst weit im Voraus zu reservieren. Ein kurzer Anruf genügt, und Sie können sicher sein, zur vereinbarten Zeit einen Platz zu finden.

Reihe „Eine perfekte Woche ..."

Idee und Konzept: Nancy Bachmann, Nicola Bramigk
Texte: Sabine Danek
Fotos: Nicola Bramigk, Franz Kimmel (S. 108)
Lektorat: Gesina Happe
Gestaltungskonzept: Verena Bettin
Gestaltung und Illustration: Tanja Riccius, Rahel Streiff
Wir danken Susanne Schwenger für Ihre Unterstützung.

Projektmanagement: Michaela Adlwart
Projektmitarbeit: Christiane Otto
Herstellung: Thekla Licht, Hermann Weixler
Druck und Bindung: Kessler Druck + Medien, Bobingen

2. aktualisierte Auflage 2013

ISBN: 978-3-86497-094-8

SMART
TRAVELLING

EINE PERFEKTE WOCHE ...
IM BAYERISCHEN ALPENVORLAND

www.smart-travelling.net

LIEBLINGSADRESSEN IM BAYERISCHEN ALPENVORLAND

CHIEMSEE

Seite 12

1 Hotel:
Brauereigasthof Hotel Aying
Zornedinger Straße 2, 85653 Aying
Tel: 0049 (0)8095 90650
Seite 14

2 Aktion:
Fraueninsel
Seite 22

3 Restaurant:
Winklfischer
Forellenweg 28, 83209 Prien
Tel: 0049 (0)8051 64317
Seite 34

4 Restaurant:
Enoteca Bad Endorf
Bahnhofstraße 4, 83093 Bad Endorf
Tel: 0049 (0)8053 794716 oder 209145
Seite 40

5 Restaurant:
Wirth von Amerang
Postweg 4, 83123 Amerang
Tel: 0049 (0)8075 185918
Seite 46

LIEBLINGSADRESSEN IM BAYERISCHEN ALPENVORLAND

6 Café:
aran Haus
Färberstraße 4, 83022 Rosenheim
Tel: 0049 (0)8031 90057551
Seite 54

7 Café:
Kunstmühle Dinzler
Kunstmühlstraße 12, 83026 Rosenheim
Tel: 0049 (0)8031 4082531
Seite 60

8 Aktion:
Wasserburg am Inn
Seite 64

9 Restaurant:
Hirzinger
Endorfer Straße 13, 83083 Söllhuben
Tel: 0049 (0)8036 1266
Seite 70

10 Aktion:
Naturkostmühle Wagenstaller
Obermühl 49, 83083 Riedering
Tel: 0049 (0)8036 7720
Seite 78

11 Hotel:
Chiemgauhof
Julius-Exter-Promenade 21,
83236 Übersee
Tel: 0049 (0)8642 89870
Seite 82

LIEBLINGSADRESSEN IM BAYERISCHEN ALPENVORLAND

12 Restaurant:
Schlosswirtschaft Wildenwart
Ludwigstraße 8, 83112 Frasdorf
Tel: 0049 (0)8051 2756
Seite 94

13 Aktion:
Camba Bavaria
Mühlweg 2, 83376 Truchtlaching
Tel: 0049 (0)8667 809466
Seite 102

14 Aktion:
Das Maximum
Fridtjof-Nansen-Straße 16,
83301 Traunreut
Tel: 0049 (0)8669 1203713
Seite 108

CHIEMGAUER ALPENVORLAND

Seite 110

15 Hotel:
berge
Kampenwandstraße 85,
83229 Aschau im Chiemgau
Tel: 0049 (0)8052 904517
Seite 112

16 Restaurant:
Gasthof Alpenrose
Kirchplatz 2,
83122 Samerberg/Grainbach
Tel: 0049 (0)8032 8263
Seite 126

LIEBLINGSADRESSEN IM BAYERISCHEN ALPENVORLAND

17 Restaurant:
Stoana Alm
Alm 50, Erlerberg, 6342 Erl (Österreich)
Tel: 0043 (0)5373 8323
Seite 130

18 Hotel/Restaurant:
Berggasthof Butzn Wirt
Brand 18, 83324 Ruhpolding
Tel: 0049 (0)8663 1422
Seite 138

TEGERNSEE
Seite 148

19 Hotel:
Tannerhof
Tannerhofstraße 32, 83735 Bayrischzell
Tel: 0049 (0)8023 810
Seite 150

20 Restaurant:
Gasthaus Jennerwein
Münchner Straße 127, 83703 Gmund-Dürnbach am Tegernsee
Tel: 0049 (0)8022 706050
Seite 160

21 Hotel/Restaurant/Bar:
Seehotel Luitpold
Hauptstraße 42, 83684 Tegernsee
Tel: 0049 (0)8022 1877970
Seite 164

LIEBLINGSADRESSEN IM BAYERISCHEN ALPENVORLAND

DAS KARWENDEL UND GARMISCH-PARTENKIRCHEN

Seite 174

22 Hotel:
Das Kranzbach
Kranzbach 1, 82493 Kranzbach
bei Garmisch-Partenkirchen
Tel: 0049 (0)8823 928000
Seite 176

23 Restaurant:
Gasthaus Ferchensee
Am Ferchensee 1, 82481 Mittenwald
Tel: 0049 (0)8823 1409
Seite 186

24 Restaurant:
Block's Post
Walchenseestraße 4, 82494 Krün
Tel: 0049 (0)8825 321
Seite 190

25 Aktion:
Klosterbräustüberl Benediktbeuern
Zeile Weg 2, 83671 Benediktbeuern
Tel: 0049 (0)8857 9407
Seite 194

26 Restaurant:
bei marcus
Fürstenstraße 3, 82467 Garmisch-Partenkirchen
Tel: 0049 (0)8821 798000
Seite 198

☞ Weitere Adressen finden Sie unter www.smart-travelling.net

27 Aktion:
Mittenwald
Seite 204

GUT ZU WISSEN
Tipps, Ausflüge,
Spaziergänge
Seiten 209–240

Käse Alm

LAND DER SEEN UND BERGE

Manch Einheimischer ist so kühn und vergleicht die Landschaft am Chiemsee augenzwinkernd mit der in Vancouver, wo man über den Pazifik schaut und im Hintergrund die Rocky Mountains sieht – in diesem Fall die gezackte gut 1600 Meter hohe Kampenwand. Aber tatsächlich sind Chiemgau und Alpenvorland von einer Großzügigkeit und Weite, wie man sie selten im Bergland findet. Statt einengender tiefer Täler und langer Schatten gibt es endlose Blicke, saftiges Grün und über allem den knallblauen Himmel.

Die Region ist ein landschaftliches Glanzstück und ein Ort, in dem sich Tradition und Moderne gekonnt miteinander verbinden. Niemand lässt unerwähnt, wann sein Hof oder Gasthaus erstmals urkundlich erwähnt wurde, jeder weiß aus dem Stegreif das exakte Datum – und das liegt immer viele Jahrhunderte zurück. Gleichzeitig aber ist die Gegend eine kulturelle Insel mit dem größenwahnsinnigen Barockschloss, das König Ludwig II. sich auf Herrenchiemsee bauen ließ, den Ausstellungen der Chiemseemaler und moderner Kunst im Privatmuseum Maximum. Dazu kann man im Sommer auf Europas größtes Reggaefestival gehen, im Amphitheater anspruchsvolles Kino sehen oder im Schloss Amerang die berühmten Sommerkonzerte hören. Neben der Kultur lässt sich eine überbordende Vielfalt an Natur genießen, in der man wandern, klettern, schwimmen, segeln, im Winter Ski fahren und am Abend die fantastischen Sonnenuntergänge bewundern kann, ob vom Seeufer aus, von einer der Hütten oder der Terrasse eines Resorts.

Aying
Frische Vollmilc
täglich

CHIEMSEE

„Bayerisches Meer“ nennen die Chiemgauer den größten See der Region, schließlich streckt er sich über ganze 80 Quadratkilometer aus, und manchmal wirkt es tatsächlich, als ob sein Wasser bis zum Horizont reicht.
Und die Chiemgauer lieben ihren See und können gar nicht genug von ihm bekommen, umrunden ihn mit dem Fahrrad, setzen auf ihren Booten die Segel, rudern, surfen, angeln, sonnen sich an seinen zahlreichen Stränden und lassen sich auf ihm treiben. Seine Ufer sind mal wildromantisch mit Schilf bewachsen, dann wieder gibt es große Badebuchten, kleine Kiesstrände, und meistens sieht man irgendwo ein Schiff der Chiemsee Schifffahrt, das Besucher zur Insel Herrenchiemsee oder zur Fraueninsel schippert.
Glaubt man der Legende, gab ein gewisser Graf Chiemo, der sich im 8. Jahrhundert im heutigen Chieming ansiedelte, dem See und der gesamten Gegend seinen Namen. Im 19. Jahrhundert schließlich kamen die Chiemseemaler und fingen die lauschige Natur ein, die Licht- und Schattenspiele auf dem See und die faszinierende Kulisse der Chiemgauer Berge.
Längst aber sind die Städtchen rund um den Chiemsee in der Gegenwart angekommen. Chieming ist mit seinem kilometerlangen Strand ein Hotspot für Surfer, Übersee das Zuhause des Chiemsee Reggae Summer, zu dem jeden August Zehntausende Besucher an den See kommen. In Prien hingegen kann man auf kleinstem Raum ganz entspannt die neuesten Designerstücke von Marc Jacobs & Co. einkaufen und danach einen Matcha Soy Latte trinken, sich in Gstadt ein schickes Retro-Holzboot mieten – oder sich einfach auf einem der schönen Holzstege ausstrecken und dem Plätschern lauschen.

BRAUEREIGASTHOF HOTEL AYING

Gerade mal 30 Kilometer von München entfernt, ist ein Stopp beim Brauereigasthof Aying ein idealer Start in die bayerische Idylle. In einer Kurve liegt dort der schön bewachsene Gasthof mit einem Maibaum davor, und schräg gegenüber leuchtet die St. Andreas-Kirche im schönsten Gelb. Seit Hunderten von Jahren lebt hier die Familie Inselkammer. Fragen Sie nach einem Zimmer in ihrem einstigen Herrenhaus, das 1385 erstmals in den Büchern des Ortes erwähnt wurde und das heute mit viel Liebe restauriert ist. Die ausgesuchten Möbel, vielen Gemälde und der eigene Hausaltar gehen auf eine jahrhundertelange Sammelleidenschaft zurück, einige wurden eingelagert, die schönsten Stücke im Haus verteilt, das auf diese Weise nicht eingerichtet, sondern natürlich gewachsen wirkt – und behutsam modernisiert. Die Zimmer sind groß und wohnlich, die Dielenböden frisch abgezogen, in der Bibliothek stehen gemütliche Sofas und kann man in ausgewählten Büchern stöbern.
Kein Brauereigasthof ohne eigenes Brauhaus – und aus diesem kommt das Aying-Bier, das selbst auf den Zimmern steht. Abends kann man im hauseigenen Restaurant essen, in dem das Wild aus der eigenen Jagd kommt, die Schweine von einem nahe gelegenen Hof stammen. Alle Zutaten sind regional – und dazu gibt es natürlich auch Bier. Zu Oktoberfestzeiten das wunderbar kräftige Kirta-Bier, das mit dunklem Malz gebraut wird, und zwar schon im März, und so länger als andere Biersorten lagert und dadurch intensiver ist.

1 Brauereigasthof Hotel Aying Adresse: Zornedinger Straße 2, 85653 Aying
Tel: 0049 (0)8095 90650 Internet: www.brauereigasthof-aying.de
Preise: DZ ab 150 Euro (Gasthof), ab 200 Euro im Herrenhaus inkl. Frühstück

☞ Liebhard's Bräustüberl

Die lässigere und authentische Variante des Brauereigasthofs ist das Bräustüberl direkt gegenüber, das mittlerweile auch zum Gasthof Aying gehört. In dem alten Gewölbe sitzt der Banker neben dem Bauern – auf schlichten Holzbänken, die mit bunten Kissen dekoriert sind, an blanken Tischen, und dazu geht es ordentlich rund. Serviert wird deftige Wirtshausküche mit kaltem Schweinsbraten zu frischem Kren und Essiggurke, Biergulasch mit Semmelknödeln, Weißwürste oder das Liebhard's Riesenschnitz'l mit Preiselbeeren, und im Sommer kann man im großen Biergarten an langen Tischen unter alten Kastanienbäumen und bunten Glühbirnen sitzen.

Adresse: Münchener Straße 2, 85653 Aying
Tel: 0049 (0)8095 1345, Internet: www.liebhards-aying.de
Öffnungszeiten: Täglich 10.00 – 24.00 Uhr

Ayinger
LIEBHARD'S
BRÄUSTÜBERL ZU AYING

☞ Brauerei Aying

1877 begann Johann Liebhard mit dem Bau der Brauerei, und heute werden dort unter modernsten Bedingungen und vom Braumeister Franz Inselkammer verschiedenste Biere – vom Lager Hell über das kräftige Kirta-Bier bis hin zum Weizenbock – gebraut. Das Brauwasser stammt aus einer eiszeitlichen Blase in 176 Metern Tiefe, als Hopfen werden ausschließlich Aromahopfen aus der Hallertau verwendet, die Braugerste stammt aus Aying und Umgebung und die Hefe aus der Hochschule Weihenstephan. Die Brauerei, die 1999 nach umfassenden Umbauten neu eröffnet wurde, gilt als eine der modernsten Europas und kann besichtigt werden.

Adresse: Münchener Straße 21, 85653 Aying
Tel: 0049 (0)8096 8890, Internet: www.ayinger.de
Führungen: Dienstag 11.00 Uhr, Donnerstag 18.00 Uhr, Samstag 10.00 Uhr

Nordsteg
Abfahrt
in Richtung
Gstadt
Herreninsel
Prien / Stock

FRAUENINSEL

Die Fraueninsel ist eines der beliebtesten Ausflugsziele im Chiemgau, und entsprechend voll ist es dort. Mit der Chiemsee Schifffahrt können Sie übersetzen und das am besten von Gstadt aus, wo es etwas beschaulicher zugeht als in Prien. Zehn Minuten dauert die Überfahrt, und vom Anleger aus kann man die Insel umrunden, durch das kleine Fischerdorf mit seinen blumenreichen Vorgärten gehen, zu den alten Linden, die mitten auf der Insel stehen, und zum Kloster Frauenwörth, berühmt für seinen einzigartigen Blumen- und Kräutergarten und für den hochprozentigen Chiemseer Klosterlikör, den die Nonnen seit Jahrhunderten herstellen. 782 wurde das Kloster gegründet, heute leben dort 30 Schwestern, und der Campanile, der neben der Kirche aufragt, ist das Wahrzeichen des Chiemsees.

Am schönsten aber ist es auf der Insel, wenn die zahlreichen Tagesgäste sie am Abend wieder verlassen haben. Dann bleiben die rund 250 Einheimischen zurück, 16 von ihnen sind Fischer, einige Gastronomen, und beim Inselwirt kann man sich auf die Terrasse setzen und bei einem Drink den Sonnenuntergang über dem „Bayerischen Meer" genießen. Den besten Platz aber haben die Inselbewohner selbst: auf ihren Stegen, die auf den See hinausgehen und mal mit Palmen geschmückt, mal mit kleinen Bänken oder Bäumen versehen oder einfach schlicht aus Holz sind. Man kann im Inselhotel Zur Linde übernachten, vor allem aber auch im Kloster selbst. Klingeln Sie an der Pforte und fragen Sie nach, ob eines der Zimmer frei ist, in denen normalerweise Seminargäste untergebracht sind.

2 Fraueninsel

Kuchen:
Käsekuchen
Apfelkuchen

Lefima

☞ Die Heilige Irmengard

Bei dem Rundgang durch die Klosterkirche fällt einem eine besondere Ruhestätte auf, an der, von der Decke bis zum Boden, gerahmte Danksagungen hängen. Hier ruht die Heilige Irmengard (833–866), erste namentlich bekannte Äbtissin des Inselklosters, die für ihre Fürsprache verehrt wird. Deshalb ist ihre Kapelle Wallfahrtsstätte für Paare mit Kinderwunsch, die sie darum bitten, dass dieser erfüllt wird. Zum Dank kehren viele von ihnen zurück und hängen die Fotos ihres Nachwuchses auf. Aber auch für den gelungenen Hausbau oder eine glückliche Ehe steht die Heilige Irmengard Patin, und die Bilder und Kalligrafien gehen viele Jahrzehnte zurück. Seinen eigenen Wunsch kann man in ein Buch links neben der Kapelle schreiben.

Öffnungszeiten: Täglich 8.00 – 12.00 Uhr und 14.00 – 18.00 Uhr

☞ Gasthof und Inselhotel Zur Linde

In diesem 600 Jahre alten Traditionsgasthof haben die Chiemseemaler, die im 19. Jahrhundert den Historismus über Bord warfen und begannen, in der Natur zu malen, ihren Stammtisch gehabt. Wie vor 200 Jahren steht er in einer der zahlreichen Stuben. Eine andere ist nach dem Chiemseemaler Willibald Demmel benannt, dessen Werke dort hängen. Werfen Sie einen Blick darauf und lassen Sie sich anschließend in dem großen Biergarten nieder. Er liegt auf dem höchsten Punkt der Insel und hat schöne Ausblicke. Wird es etwas später, können Sie sich ein Schiffstaxi bestellen lassen. Das organisiert das Personal bis 23.30 Uhr.

Adresse: 83256 Frauenchiemsee
Tel: 0049 (0)8054 90366, Internet: www.linde-frauenchiemsee.de
Öffnungszeiten: März – ca. 10. Januar: Täglich

☞ Räuchersemmel bei Thomas Lex

Neben dem Inselwirt und direkt am Uferweg steht das kleine Fischerhäuschen des Fischereimeisters Thomas Lex. Seit 1857 betreibt die Familie die Räucherei und gehört zu den ältesten Fischerfamilien des Chiemsees. Ihre Spezialität ist die Räuchersemmel mit einer über Buchenholz frisch geräucherten Renke mit Meerrettichsahne oder Renkenfilets nach Matjesart auf frisch gebackener Semmel. Aber auch Aale und Brachsen gehören zum Angebot. Da sie köstlich sind, kann es passieren, dass schon am Nachmittag das Schild „Räucherfische ausverkauft" an dem idyllischen Häuschen hängt. Wollen Sie nicht leer ausgehen, schlägt Thomas Lex vor, einfach anzurufen und sich die gewünschten Fische zu reservieren.

Adresse: Haus 31, 83256 Frauenchiemsee
Tel: 0049 (0)8054 479, Internet: www.chiemseefischerei-lex.de

☞ Insel-Töpferei Klampfleuthner

Seit mehr als 400 Jahren werden in der Insel-Töpferei klassisches Geschirr wir Krüge, Weidlinge, Teller oder Vasen hergestellt und mittlerweile auch Türschilder, Vogeltränken, kleine Tische, Gartenkugeln oder Reliefs – und sie ist berühmt für ihre prachtvollen Kacheln und Kachelöfen. Handgefertigt ist jedes Produkt ein Einzelstück, und neben volkstümlichen und religiösen Motiven finden sich auch schlichte, moderne Arbeiten wie wunderschöne rot lasierte Tonkrüge. Während Georg Klampfleuthner töpfert, bemalt seine Schwester Andrea die Stücke in Halbfayence-Technik, bei der der Untergrund leicht hindurchscheint. Betritt man den Laden, steht man zugleich in der Werkstatt und kann beim Töpfern zuschauen.

Adresse: Frauenchiemsee 4a, 83256 Frauenchiemsee
Tel: 0049 (0)8054 1233, Internet: www.inseltoepferei.de

Fischerei Thomas Lex
seit 1857
Chiemsee-Fische
zum Mitnehmen
Heute frisch geräuchert
Räucherfische
ausverkauft

WINKLFISCHER

Steckerlfisch-Braterei nennt der Winklfischer Dieter Ihm sein idyllisches Hüttchen am Chiemsee aus verwittertem Holz und mit Blumen im Vorgarten. Der Wirt der Schlosswirtschaft Wildenwart, einer der Chefköche, den Ihm mit seinem frischen Fang beliefert, nennt ihn einen Künstler – und wie es sich gehört, macht dieser sich rar. Man kann Pech haben, und selbst bei schönstem Sonnenschein hat der Winklfischer geschlossen. Und sonntags manchmal sowieso, denn „da kommen zu viele Leute". Ein Versuch aber lohnt sich allemal. Denn der Winklfischer liegt direkt an der Wander- und Fahrradroute rund um den See – und gehört zu den authentischsten Orten dort. Man sitzt im kleinen Biergarten am Wasser und an Stöcken brutzeln die Steckerlfische, die nur mit Olivenöl, Zitrone und einer geheimen Gewürzmischung eingerieben sind – und absolut köstlich. Auch Brachsen, Aale und hausgemachte Fischschmankerln hat er im Angebot, dazu isst man eine Brezen oder Semmel, trinkt ein Bier und sollte sich auch die selbst gebrannten Edelschnäpse nicht entgehen lassen. Machen Sie es wie die Einheimischen, die schon öfter vor geschlossener Pforte standen, und rufen Sie vorher am besten an, um zu erfahren, ob er geöffnet hat. Wenn Sie nicht mit dem Fahrrad kommen, können Sie mit dem Auto direkt heranfahren. Nehmen Sie die Ostenacher Straße, biegen Sie rechts in den Forellenweg ein und fahren Sie ihn bis zum See durch. Rechts von dem Bootssteg dort liegt dann der Winklfischer.

3 Winklfischer Adresse: Forellenweg 28, 83209 Prien am Chiemsee
Tel: 0049 (0)8051 64317 Internet: www.winklfischer.de
Öffnungszeiten: Samstag, Sonntag und an Feiertagen ab 12.00 Uhr

Fischerei
Räucherei
IHM
Fischladl

Winkelfischer
Steckerlfisch-Braterei
EDELBRÄNDE

☞ Was ist ein Steckerlfisch?

Steckerl nennt man auf Bayerisch ein Stöckchen oder einen Stab – aber dennoch ist der Steckerlfisch weit von getrocknetem Stockfisch entfernt. Ganz im Gegenteil ist er knusprig und saftig, wird mit einer kräftigen Marinade bestrichen und auf einen langen Weidenzweig gespießt. Mit dem Kopf nach unten hängen die ausgenommenen Fische über oder neben der Glut und werden regelmäßig mit der Würzmarinade eingepinselt.
Der Steckerlfisch ist eine Spezialität des Alpenvorlandes, über den Grill kommen fangfrische heimische Renken (die „Chiemsee-Forellen") oder Brachsen. Serviert wird der Fisch, der auf dem Oktoberfest regelmäßig für lange Schlangen an den Grillstationen sorgt, meistens auf einem Stück Papier – und schmeckt am besten draußen in lauer Sommernacht.

HB
Hofbräuhaus
Traunstein
Inselfischer
Fischerei
Räucherei

ENOTECA BAD ENDORF

Dieses Restaurant empfiehlt man sich unter Freunden. Es ist klein, intim und lebt von der Leidenschaft von Michael Feix. Sein Herz schlägt für Italien – und für die Kochkunst. 1994 wurde der Autodidakt von „Der Feinschmecker" unter 1500 Anwärtern als bester Hobbykoch Deutschlands ausgezeichnet, und seit fünf Jahren kocht er in seiner eigenen Enoteca. Ist Trüffelzeit, bringt er ausgesuchte aus der Toskana mit und immer wieder auch andere Spezialitäten. In einem ehemaligen Stallgewölbe serviert er Gerichte, bei denen jede Zutat eine perfekte Verbindung eingeht. Schon der Gruß des Hauses begeistert: Garnele auf Tomaten mit Datteln, die eine ungewöhnliche, tolle Süße haben. Die grünen Tortellini mit Ziegenkäse und Trüffeln sind hauchzart, der Thunfisch kommt mit süß-sauren Zwiebeln und die Zitronen-Raviolini mit Artischocken. Und hat man das Glück, einen Blick in die Küche werfen zu können, ist es verblüffend, wie organisiert und konzentriert Feix bei der Zubereitung der Köstlichkeiten vorgeht. Die Speisekarte wechselt wöchentlich und auch die offenen Weine der ausgesuchten Weinkarte, deren Preise unglaublich fair sind. Probieren Sie den Grünen Veltliner 2011 vom Weingut Nimmervoll – und folgen Sie dem Spruch auf der offenen Weinkiste, die im Gastraum steht und auf der ganz passend zu lesen ist, „Nicht so viel denken, locker bleiben. Das Gefühl entscheidet". Damit Sie das alles genießen können, sollten Sie unbedingt reservieren.

4 Enoteca Bad Endorf Adresse: Bahnhofstraße 4, 83093 Bad Endorf
Tel: 0049 (0)8053 794716 oder 209145 Internet: www.enoteca-endorf.de
Öffnungszeiten: Donnerstag 16.00 – 23.00 Uhr, Freitag 10.00 – 12.00 Uhr und 16.00 – 23.00 Uhr, Samstag 10.00 – 12.00 Uhr und 18.00 – 23.00 Uhr

GUMPHOF
SMAS
RADOAR
ETZA
Jäger
semmler wein
Pichler
CAIAROSSA
2007
TOSCANA
ITALIA

BIANCO 0.1 l
FRANCIACORTA
INCROCIO
ARNEIS
VELTLINER
ROSSO 0.1 l
ROSSO MONT.
NEBBIOLO
VALPOLICELLA

WIRTH VON AMERANG

Dieses Wirtshaus können Sie nicht übersehen. Mitten im Ort und in einer Kurve liegt es – und davor steht ein Maibaum der besonderen Art: Ihn schmücken die Spieler des FC Bayern München nebst ihrem Clubabzeichen. Draußen kann man unter Kastanien und am plätschernden Brunnen sitzen, und drinnen führt der scheinbar uralte Steinfußboden über Berg und Tal, und dabei ist die verwinkelte „Zechnstube" so dämmerig beleuchtet, dass man seinen Weg erst mal finden muss. Der Kamin knistert, und wie in längst vergangenen Zeiten wirkt es hier. Die allerdings sind erst rund 15 Jahre her, als Bernhard Weber das Wirtshaus übernommen und auf alt getrimmt hat.
Gemütlich ist es dennoch, und wüsste man es nicht, kommt man der Augenwischerei nicht auf die Spur. Vor allem aber ist die Küche sehr authentisch. Die Ameranger Pfefferschmankerln, Schweine- und Rinderfiletstreifen in grünem Pfefferrahm, werden brutzelnd und in gusseiserner Pfanne serviert, und als Brotzeit sind die lauwarmen Essigknödel mit Zwiebeln und Schnittlauch und einer perfekt abgeschmeckten Vinaigrette ganz hervorragend, eigentlich ein Arme-Leute-Essen, das normalerweise aus Resten zubereitet wird.
Die Speisekarte ist saisonal, versieht so manche bayerische Spezialität mit einem mediterranen Einschlag, und da der Wirth sehr beliebt ist, sollten Sie am Wochenende am besten reservieren.

5 Wirth von Amerang Adresse: Postweg 4, 83123 Amerang
Tel: 0049 (0)8075 185918 Internet: www.wirth-von-amerang.de
Öffnungszeiten: Täglich 11.00 – 24.00 Uhr

☞ Schloss Amerang

Der wehrhafte gotische Bau, der kompakt und leuchtend weiß aus der Landschaft hinausragt, ist seit dem 14. Jahrhundert in Familienbesitz. Heute lebt der Freiherr von Crailsheim mit seiner Familie darin und macht Schloss Amerang in Führungen der Öffentlichkeit zugänglich. Ein Highlight: der beeindruckende mehrstöckige Renaissance-Arkadenhof, mit dem im Exil lebende Verwandte der Veroneser Scaliger die Burg um 1500 in ein Schloss umwandelten. Der trapezförmige Hof bietet heute die perfekte Akustik für die Schlosskonzerte, die dort im Sommer stattfinden und bei denen man sich wie in Italien fühlt. In einem Schlossmuseum wird zudem 1000 Jahre bayerische Adelsgeschichte dokumentiert.

Adresse: Schloss 1, 83123 Amerang
Tel: 0049 (0)8075 91920, Internet: www.schlossamerang.de
Schlossführungen: Freitag, Samstag, Sonntag und an gesetzlichen Feiertagen um 11.00, 12.00, 14.00, 15.00 und 16.00 Uhr. Treffpunkt ist an der Mauer vorm Schlosseingang.

EXTRAS
TAGESGERICHTE
Vintage

ARAN HAUS

Dieses verwinkelte und mehr als 400 Jahre alte Häuschen ist eine Welt für sich – mit alten Holztischen, von denen charmant der Lack abblättert, karierten Kissen, Fellen und bunten Häkeldecken, Kamin und Kronleuchtern, verteilt auf zwei Etagen und viele Räume und mit so wohligem Ambiente, dass man es eigentlich nicht mehr verlassen möchte. Höchstens vielleicht, um sich in den Garten zu setzen, einem der schönsten Frühstücks-Orte in Rosenheim. Aran ist das gälische Wort für Brot – und dem haben sich Sabine und Jürgen Baur verschrieben: ihrem berühmten Sauerteigbrot, das nach altem Hausrezept und in Sechs-Pfund-Laiben im Holzkohleofen gebacken wird und wegen der langen Reifezeit den besonderen, intensiven Geschmack bekommt und seine herrlich knusprige Kruste. Serviert wird das Brot in dicken Scheiben mit Aufstrichen wie Obazda, Wild-Curry, Avocado oder Steinpilzaufstrich, mit Krabben, frischen Tomaten oder auch als Strammer Max. Das ist Butterbrot-Kultur auf höchstem Niveau, und dazu gibt es hervorragenden Kaffee – vom 12er am Mittag, der fit hält, dem 17er für nachmittags mit ausgewogenen Arabicas und weniger Koffein bis zum 0er, der entkoffeiniert ist.
Im aran Haus schaltet man automatisch einen Gang herunter und widmet sich dem Genuss. Einige Produkte werden auch zum Mitnehmen angeboten, gleichzeitig gibt es einen kleinen Einrichtungsladen nebenan – und zahlreiche Filialen, eine davon direkt am Rosenheimer Max-Josefs-Platz.

6 aran Haus Adresse: Färberstraße 4, 83022 Rosenheim
Tel: 0049 (0)8031 90057551 Internet: www.aran.coop
Öffnungszeiten: Montag – Samstag 8.00 – 18.00 Uhr,
Sonntag und an Feiertagen 9.00 – 18.00 Uhr

Familie Baur
aran
HAUS
AUS DEM ÜBER
00 JAHRE ALTEN
EISSGERBER HAUS"
URDE 2003 DAS
aran HAUS.
IR FREUEN UNS
F IHREN BESUCH
ND HEISSEN
IE HERZLICH
ILLKOMMEN!

Spezereiladen
TEE
Kaffee
No 12
No 16
No 17
No 1

EKMEK
خُبْز
रोटी

DINZLER
HIRSCHKUSS
SCHNAPSERL

KUNSTMÜHLE DINZLER

Dieses Kaffeehaus liegt in einer ehemaligen Fabrikhalle – mit hohen Wänden, imposanten Säulen und den einstigen Schütten in der Decke. Man sitzt an großen Holztafeln oder kleinen Bistrotischen, kann sich in Polster sinken lassen oder auf der Terrasse im Hof Platz nehmen.

Über 60 Jahre ist es her, dass Otto Dinzler beschloss, in seinem Krämerladen in Bischofswiesen eine Kaffeerösterei zu eröffnen und dabei vor allem auf Qualität zu achten. 1998 wurde das Unternehmen von der Familie Richter übernommen, die Kaffee in der Kunstmühle als Erlebnis inszeniert. Die verschiedenen Kaffeesorten werden dort direkt geröstet und zum Verkauf angeboten, und ihr Duft zieht durch den Raum. Probieren Sie einen Guatemala Los Volcanes mit frischer Zitrus- und Haselnuss-Note oder einen Uganda Bugishu mit sehr wenig Säure und aus einem der besten Anbaugebiete Afrikas. Dazu kann man zwischen 13(!) verschiedenen Frühstücken wählen, die von Brioches über Heumilchtopfen bis hin zu Müsli, Lachs und Bio-Rührei reichen, es gibt wechselnde Tagesgerichte wie Pizza Wrap, Rahmschwammerln, Schweinsbraten oder Gemüsegröstl. Und dabei kann man es sich richtig gemütlich machen – mittags inmitten der vielen Angestellten der Umgegend, und am Donnerstag, wenn das Dinzler auch abends geöffnet hat, ist man mittendrin in der Rosenheimer Szenerie.

7 Kunstmühle Dinzler Adresse: Kunstmühlstraße 12, 83026 Rosenheim
Tel: 0049 (0)8031 4082531 Internet: www.dinzler.de
Öffnungszeiten: Montag – Mittwoch, Freitag und Samstag 8.00 – 18.00 Uhr, Donnerstag 8.00 – 22.00 Uhr, Sonntag 9.00 – 18.00 Uhr

DINZLER
KAFFEERÖSTEREI
DINZLER
KAFFEERÖSTEREI

FC Bayern
Kaffee
Espresso 6.95€
FC BAYERN
KAFFEE
FC BAYERN
ESPRESSO

WASSERBURG AM INN

Fährt man über die Innbrücke, ist man in einer anderen Welt. In Wasserburg, einer Stadt aus dem 15. Jahrhundert, die sich lauschig in die Innschleife schmiegt und als Halbinsel in der Flusslandschaft liegt. Schon von der Brücke aus fallen einem die pastellfarbenen Fassaden auf, zartgelb, lindengrün, hellblau, die Türmchen und Zinnen, und fährt man durch das Brucktor und biegt rechts auf den Marienplatz, ist man von ihnen umgeben. Das denkmalgeschützte Wasserburg ist wie ein Freilichtmuseum, aber dabei durchaus offen für das moderne Leben. Kleine, individuelle Lädchen säumen die Gassen, es gibt ein ambitioniertes Programmkino und einen interessanten Skulpturenweg. 1988 wurde er zur 850-Jahrfeier der Inselstadt angelegt, ist 1,5 Kilometer lang und zeigt mehr als 30 Skulpturen des Wasserburger „Arbeitskreis 68“. Starten Sie am Ufer des Inn am Brucktor und gehen Sie unter alten Bäumen an organischen Bronzefiguren, glatt polierten Abstraktionen, Konzeptkunst, bearbeitetem Granit und zum Kegel gegossenem Messing vorbei, an ein Zackenrad und bunt bemalten Stahl. Aber auch Manets, Picassos, Gemälde von Monet, Renoir, Spitzweg, Dürer und vielen anderen großen Meistern kann man in Wasserburg sehen: als perfekte Kopien, die aus dem Pinsel des Malers Günter Dietz stammen und im „Imaginären Museum“ im Heiliggeistspital im Wasserburger Brucktor gezeigt werden. Natürlich fallen in dem bayerischen Kleinod im Sommer regelmäßig Reisebus-Gruppen ein. Aber abseits des Marktes und am idyllischen Inn-Ufer kann man das Städtchen in Ruhe genießen.

8 Wasserburg am Inn

☞ Café Central

Direkt neben dem Kino Utopia liegt das Café Central, und dort trifft man die Jugend Wasserburgs, jeden, der sich nicht dem Mainstream zuordnet, und natürlich eine Menge Kinobesucher. Während man drinnen auf alten Ledersofas und in charmant angeranzter und studentischer Kaffeehaus-Atmosphäre sitzt, ist es in dem Innenhof wenig lauschig. Möchten Sie draußen sitzen, können Sie das an den Tischen auf dem Bürgersteig direkt in der Herrengasse, die auch zum Central gehören. Die Karte ist schlicht, es gibt Gemüsestrudel, immer auch Kuchen, einfache, aber reell gemixte Drinks.

Adresse: Herrengasse 5, 83512 Wasserburg am Inn
Tel: 0049 (0)8071 7800
Öffnungszeiten: Täglich 11.00 Uhr – open end

Café Central

☞ Restaurant Herrenhaus

Das altehrwürdige Restaurant ist 2008 von einem jungen vierköpfigen Team übernommen worden. Seither stehen Matthias Schmid und Mike Oehlke in der Küche, während Maria Schmid und Anne Schatzl sich um den Service kümmern. Auf der Speisekarte stehen gebratene Sardinen mit Bohnensalat und Speckschaum, Hirschkalbsrücken mit Blumenkohl, Artischocken und Selleriepüree oder Seeteufel mit Bohnen, Birnen und Speck. Die historischen Räume haben die vier ebenfalls von allem Muff befreit. Einige Mauern sind roh, andere clean gestrichen, das Holz ist dunkel, und alles wirkt wunderbar schlicht und ist von Kerzen beschienen.

Adresse: Herrengasse 17, 83512 Wasserburg am Inn
Tel: 0049 (0)8071 5971170, Internet: www.restaurant-herrenhaus.de
Öffnungszeiten: Dienstag – Samstag 12.00 – 14.00 Uhr und 18.00 Uhr – open end, Sonntag und Montag geschlossen

☞ Schlosshotel Weikertsham

Ganz in der Nähe von Wasserburg liegt dieses kleine wunderschöne Schloss. Mit Hingabe hat Martina Pfeiffer es restauriert, Malereien freigelegt und es mit britischen und französischen Antiquitäten eingerichtet – und zwar so zurückhaltend, dass der Charme des Schlösschens überall durchscheint. Der Garten ist eine Idylle mit einem schilfbewachsenen kleinen See und Tischen, die unter alten Bäumen stehen. In dem Baudenkmal, das mit dem Hypokulturpreis ausgezeichnet wurde, vermietet sie ein Apartment mit zwei Schlafräumen für bis zu vier Personen. Ein Bio-Frühstück wird wahlweise im Gewölbe oder im Garten serviert – und ist das Wetter mal nicht so gut, kann man sich auch in die Loggia mit einer kleinen Bibliothek zurückziehen.

Adresse: Weikertsham 11, 83512 Wasserburg am Inn
Tel: 0049 (0)8071 51338, Internet: www.schloss-weikertsham.de

Restaurant Herrenhaus

HIRZINGER

Dieser Gasthof ist ein Traditionsbetrieb, wie es ihn nur selten gibt. Denn die Geschichte des Hirzinger geht unglaubliche 22 Generationen bis 1477 zurück. Damals tauchte er als „Wirth von Selhueben“ zum ersten Mal in den Registern auf und war mehrere Jahrhunderte lang auch Poststation. Nie wurde der Gasthof verkauft, immer vererbt, und heute führt Lenzi Hirzinger ihn mit Leidenschaft und hat ihn auch kräftig ausgebaut. Neben der hauseigenen Fleischerei, aus der die Wurstwaren und viele andere Fleischspezialitäten des Hirzingers kommen, finden dort Volksmusik-Aufzeichnungen fürs Fernsehen statt, ein kleines Hotel ist hinzugekommen und ein großer gläserner Anbau. Und deswegen ist es dort immer voll – mit Einheimischen, Touristen und Modeleuten von Marc O'Polo, deren Zentrale in Stephanskirchen liegt. Reservieren empfiehlt sich, und fragen Sie dabei nach einem Platz in der alten Gaststube, dort ist es gemütlicher und authentischer als im neuen Teil. Im Sommer hingegen ist es im Biergarten besonders schön. Die Wollwürste mit Bratensoße sind ein Klassiker, ebenso der Steckerlfisch aus dem Chiemsee und der Kaiserschmarren, der innen fluffig und außen herrlich kross und auch nicht so süß ist und mit Apfel- oder Zwetschgenmus serviert wird. Probieren Sie auch unbedingt das Hirzinger Weißbier, das mit mehr Hefe als sonst üblich gebraut ist, in der Flasche gegärt und naturtrüb. Es ist herber und „macht schöner“, wie der Hirzinger sagt – und vor allem hat es einen ganz eigenen Geschmack, der an Banane erinnert.

9 Hirzinger Adresse: Endorfer Straße 13, 83083 Söllhuben Tel: 0049 (0)8036 1266 Internet: www.hirzinger.eu Öffnungszeiten: Täglich 7.00 – 24.00 Uhr

Zur Erinnerung an die

Metzgerei Hiezinger

Ein Gespräch mit Lenzi Hirzinger

Wirt vom Hirzinger

Was ist das Authentische am Hirzinger?

Die Stuben sind von 1477, und alles ist sehr bayerisch. Wir verändern da nicht viel. Klar, wir haben angebaut, aber das Originale bleibt alles erhalten.

Der Gasthof ist ja ein Familienunternehmen, das auf 22 Generationen zurückgeht. Wann haben Sie ihn übernommen?

Vor 30 Jahren habe ich den Hirzinger von den Eltern übernommen. Das wollte ich schon, solange ich denken kann – und ich kann auch nix anderes.

Es wirkt, als sei Ihre Beigeisterung für den Beruf nicht weniger geworden?

Nein, der Hirzinger gehört ganz fest zu meinem Leben. Es geht hier sehr persönlich zu, und ich bin ständig vor Ort, treffe viele Freunde, kümmere mich um die Gäste. Ich finde, das gehört dazu.

Sie haben jeden Abend ganz schön viele Gäste satt zu kriegen. Worauf achten Sie dabei?

Darauf, dass das Fleisch aus der Region kommt. Wir beziehen das Rind vom Bullenhof hier aus der Gegend und das Schwein aus Niederbayern. Unser Mehl, aus dem auch der Kaiserschmarren gemacht ist, bekommen wir von der Naturkostmühle Wagenstaller. Regional und frisch einzukaufen finde ich ganz wichtig. Zudem konzentrieren wir uns auf traditionell bayerische Gerichte, das war schon immer so, und das können wir am besten. Und wir machen sehr viel seit jeher selber. Die Weißwürste zum Beispiel kommen aus unserer eigenen Metzgerei.

Was ist Ihr Lieblingsgericht?

Also wenn ich aus dem Urlaub komme, esse ich als Erstes einen Wurstsalat ...

Kaiserschmarren

Für 4 Personen

Aus den Eiern, dem Mehl und der Milch einen Teig rühren. Das Butterschmalz in einer Pfanne auslassen und den Teig einfüllen. Kontrollieren, wann der Teig unten braun ist, dann wenden. Zucker und Vanille darübergeben. Wenn der Pfannkuchen auch auf der anderen Seite gebräunt ist, in kleine Stücke zerreißen und karamellisieren lassen. Noch etwas nachbräunen.
Anschließend mit Pflaumenkompott oder Apfelmus servieren.

4 Eier
250 g Mehl
2,5 dl Milch
200 g Butterschmalz
etwas Zucker
etwas frische Vanille

NATURKOSTMÜHLE WAGENSTALLER

Im großen Hofladen der Wagenstaller Mühle begrüßt Annelie Wagenstaller, Müllermeisterin und Autorin, einen höchstpersönlich. Sie ist leidenschaftliche Müllerin, war bei ihrer Meisterprüfung die jüngste Deutschlands, hat Bücher über Brot, Gesundheit und Nahrungsmittel geschrieben – und 1980 einen Sauerteig angesetzt, der bis heute für ihr köstliches Brot sorgt. Manchmal kann man es in dem Hofladen kaufen. Aber eigentlich findet sie es am besten, wenn man sich selbst seinen ganz eigenen Geschmack kreiert, und sie hilft gerne bei der Zusammenstellung der Zutaten. Auch sollte man seinen eigenen Sauerteig ansetzen, findet sie, da jedes Haus ein anderes Klima hat. Die Kunst des Brotbackens lehrt sie in vierstündigen Tageskursen, bei denen man auch eine Idee von der Tradition des Familienbetriebs bekommt, dessen Hof 930 das erste Mal urkundlich erwähnt wurde. Über die verschiedenen Mehle und Backzutaten hinaus ist die Naturmühle ein perfekt ausgestatteter Bioladen. Es gibt viele Tees und verschiedene Honigsorten, schönes Steingut- und Emailgeschirr, Klostermandeln, Himalajasalz, Schokoladen, zahlreiche Vollkornprodukte, Naturkosmetik, biologische Weine und das von Marken wie Allos, Naturata, Govinda oder Hildegard von Bingen.
Da Schilder, die zur Naturkostmühle führen, rar sind, stellen Sie am besten Ihr Navi ein, um zu den Wagenstallers zu finden.

10 Naturkostmühle Wagenstaller Adresse: Obermühl 49, 83083 Riedering
Tel: 0049 (0)8036 7720 Internet: www.wagenstallermuehle.de
Öffnungszeiten Mühlenladen: Montag und Dienstag, Donnerstag und Freitag 9.00 – 17.00 Uhr, Samstag 9.00 – 12.00 Uhr, Mittwoch geschlossen

Roggen
WAGENSTALLER
Dinkelmehl
Dinkelmehl
Dinkelmehl

Chiemgauhof

CHIEMGAUHOF

„Sonnenuntergang um 18.48 Uhr“ steht auf einem charmant verwitterten Holztäfelchen im Garten geschrieben. Denn nirgendwo am Chiemsee ist es schöner, der Sonne dabei zuzuschauen, wie sie im „Bayerischen Meer“ versinkt, als im Chiemgauhof, der direkt am Südufer des Sees liegt. Das hatte im 19. Jahrhundert bereits der Maler Julius Exter erkannt, der an dem idyllischen Plätzchen eine Sommerakademie gründete. Seit 1952 ist der Chiemgauhof Besitz der Familie Imdahl, seit zehn Jahren führen Sabine und Christof Imdahl das Haus und haben es in einen lauschigen Ort verwandelt, der die Geschichte mit moderner Leichtigkeit verbindet. Auf dem Weg zum Zimmer begegnen einem Plakate und Fotografien der Opernhäuser, in denen der Schwiegervater Heinz gastierte, der ein bekannter Bariton war, und im Restaurant sind Bilder der Chiemseemaler zu sehen. Die Zimmer heißen Bojen-, Jagd- oder Schwemmholzzimmer, sind in warme Farben getaucht und mit Antiquitäten und Fundstücken eingerichtet. Manches Bett ist aus dem Holz des alten Stegs gezimmert, und viele der Zimmer haben fantastische Ausblicke auf den See, mit Balkonen oder kleinen Sitzecken am Fenster.

Überall stehen frische Blumen, unter den Bäumen am Seeufer sind Gartentische aufgestellt – dort ist mit Sicherheit der schönste Platz am Chiemsee für ein Frühstück. Und auch das verbindet Klassisches mit dem Zeitgemäßen, und neben Eiern, Käse und Wurst gibt es ein großartiges Früchtebuffet.

11 Chiemgauhof Adresse: Julius-Exter-Promenade 21, 83236 Übersee
Tel: 0049 (0)8642 89870 Internet: www.chiemgauhof.com
Preise: DZ ab 90 Euro inkl. Frühstück

Ein Gespräch mit Sabine und Christof Imdahl

Inhaber des Chiemgauhofs

Ihr Hotel ist wunderbar eingerichtet. Von wem stammt das Konzept?

Von uns selbst. Seit zehn Jahren führen wir das Hotel, und genauso lange renovieren und verändern wir immer wieder etwas. Wir stöbern nach Antiquitäten und suchen nach schönen Materialien. Jetzt sind wir aber eigentlich fertig, aber wir werden sicherlich nicht damit aufhören, denn es macht uns sehr viel Spaß.

Was war die Grundidee bei der Gestaltung?

Ich wollte Leichtigkeit, aber gleichzeitig die Tradition wahren und die Schwere des Hauses durch Emotion ersetzen. In jedem Zimmer würden wir auch selber wohnen, und es sieht tatsächlich auch so aus wie bei uns zu Hause.

Besonders ist auch die Vielfalt der Zimmer.

Wir wollen jedem etwas bieten. Wenn jemand sich einfach nur ein schönes Sommerwochenende am See machen möchte, kann er eines der kleinen 15 Quadratmeter großen Zimmer mieten, mit Blick auf den See. Wir haben aber auch ein Studio mit Dachterrasse, das 140 Quadratmeter groß ist, ein sonnendurchflutetes Loft und unterschiedliche Doppelzimmer.

Und überall stehen interessante Lampen.

Reine Dekoration mag ich nicht, sie muss für mich auch einen Sinn haben, und so hab ich irgendwann angefangen, Lampen zu machen. Sie bestehen aus Fundstücken, Bojen, kleinen Bäumen oder Schwemmholz, und der Hausmeister sorgt für die Elektrik.

Es ist so ruhig und so idyllisch hier. Können Sie sich vorstellen, woanders zu leben?

Aber nein. So einen Ausblick wie hier hat man sonst nur in Vancouver: im Hintergrund die Rocky Mountains und davor der Pazifik!

☞ Sundownerbar am Chiemgauhof

Bekannt bis weit über die Grenzen des Chiemsees hinaus ist die Sundownerbar am kleinen Sandstrand des Chiemgauhofs. Ihr Markenzeichen ist der originale silberne Airstream-Wohnwagen, in dem in perfekter Szenerie die Drinks gemixt werden: Mit Blick auf den See lässt es sich wunderbar chillen, es brennen Fackeln und Holz in Feuerkörben, man kann sich im Sand oder auf dem Steg niederlassen und den Sonnenuntergang genießen, tagsüber auf den Liegen ausstrecken, die Kitesurfer beobachten oder wie das Schilf sich im Wind wiegt. Dann gibt es Kaffee, Eis, Tartes und Drinks. Einfach hinter dem Chiemgauhof Richtung See gehen.

Adresse: Julius-Exter-Promenade 21, 83236 Übersee
Tel: 0049 (0)8642 89870, Internet: www.sundownerbar.de
Öffnungszeiten: Die Bar ist von Mitte Mai bis Mitte September täglich bei gutem Wetter geöffnet. Außerhalb der Saison kann man sich an schönen Tagen seinen Drink im Chiemgauhof direkt holen.

☞ Julius Exters Sommerakademie

Die Promenade, an der der Chiemgauhof liegt, ist nach dem Münchner Maler Julius Exter (1863–1939) benannt, den es im 19. Jahrhundert an den Chiemsee – und genau zu diesem Grundstück zog. Dort eröffnete er seine Sommerakademie, die noch bis 1940 seinen Schülern diente. Vom Historismus wandte Exter sich erst dem Impressionismus und dann dem Expressionismus zu. Seine Porträts und Landschaftsbilder sprühen vor leuchtenden Farben, und in einigen Werken fing er die Stimmungen im Biergarten des Chiemgauhofs ein. Die Chiemgauer waren stolz auf ihre Maler – gleichzeitig betrachteten sie das Treiben der Städter mit großer Skepsis. Noch heute erzählt man sich, wie im Dorf aufgeregt getuschelt wurde, da jemand in der Malschule beobachtet habe, „wie sich schamlose Weiber ganz nackt malen ließen“.

☞ Chiemseebäcker Stumhofer

Es gibt Touristen, die kaufen auf Vorrat das Kürbiskernbrot, um auch zu Hause den festen, saftigen Teig zu genießen, gebacken mit Mehl von einem Biohof in der Nähe und mit Chieminger Brunnenwasser. Milch und Eier kommen ebenfalls aus kontrollierten Biobetrieben, und alle Backwaren sind handgemacht. Probieren Sie unbedingt die „handdrahde Brezn", die frisch und mit Liebe mit Butter bestrichen und deren Teig nicht zu dick aufgeplustert, nicht zu salzig und wunderbar klitschig ist! Wollen Sie sie im dazugehörigen Café essen, setzen Sie sich am besten auf die kleine Terrasse.

Adresse: Hauptstraße 27, 83339 Chieming
Tel: 0049 (0)8664 310, Internet: www.stumhofer.de
Öffnungszeiten: Montag – Freitag 6.00 – 18.00 Uhr, Samstag 6.00 – 12.30 Uhr, Sonntag 7.00 – 11.00 Uhr

Herzoglich Bayerisch
Brauhaus Tegern

SCHLOSSWIRTSCHAFT WILDENWART

Prinzessin Helmtrud von Bayern (1886–1977) wacht über den Gästen. In der Stube hängt ihre Fotografie, die Christoph Gelder mitsamt der Schlosswirtschaft 2007 von den Vorgängern übernommen hat. Nach Stationen, zu denen München, Hamburg, London und Schanghai zählen, ist er in sein Heimatdorf zurückgekehrt und in die Schlosswirtschaft, in der er schon als Junge sein Eis gekauft, den 80. Geburtstag des Großvaters gefeiert hat und die eigene Kommunion. Und seit seiner Heimkehr erlebt der Wildenwart eine Renaissance. Herzliche, gut gelaunte Kellnerinnen im Dirndl bringen Tegernsee Spezial vom Fass an die dunklen Holztische, und sonntagabends, wenn die Stammgäste hin und her laufen, um sich zu begrüßen, hat man schon mal das Gefühl, inmitten einer großen Familie zu sitzen. Und bei der gibt es köstliches Essen. Die Kürbissuppe ist frisch und aromatisch, der gebackene Kalbskopf ganz fein paniert und wunderbar würzig, die Spinatknödel mit Tomaten-Salbeibutter und Parmesan fast leicht – und dann die Renke. Mit perfekt zarter Salzkruste, Knoblauch und Zitrone ist es die beste, die wir gegessen haben. Unter dem Blick von Prinzessin Helmtrud von Bayern kann man sich fallen lassen, in original bayerischem Ambiente, mit Gamsgeweihen über der Tür, rustikalem Charme und entspannt die Küche genießen – im Sommer auch unter den alten Kastanien im Biergarten.

12 Schlosswirtschaft Wildenwart Adresse: Ludwigstraße 8, 83112 Frasdorf
Tel: 0049 (0)8051 2756 Internet: www.schlosswirtschaft-wildenwart.de
Öffnungszeiten: Mittwoch – Sonntag 10.00 – 14.00 Uhr und 17.00 – 24.00 Uhr, Küche bis 21.00 Uhr

HERBST

Ein Gespräch mit Christoph Gelder

Chefkoch und Wirt der Schlosswirtschaft Wildenwart

Was ist das Geheimnis Ihrer köstlich zubereiteten Renke?

Da gibt es keins – zumindest nicht bei der Zubereitung. Aber sie kommt ganz frisch aus dem Chiemsee, gefangen von Dieter Ihm, dem Winklfischer. Bei uns kommen nur noch Zitronenschnitze, Knoblauchzehen und Salz dazu.

Seit Sie den Wildenwart übernommen haben, erlebt er eine kulinarische Renaissance.

Ganz wichtig sind einfach gute Produkte. Da setze ich mich auch über „bio" hinweg, denn das Zertifikat ist mir viel zu aufgeweicht. Wichtig ist, dass die Produkte aus der Region stammen und ich die Leute kenne. Und in der Küche macht es den Unterschied, dass man nicht einfach so vor sich herkocht und sagt „passt schon", sondern dass man mehr Sorgfalt verwendet. Das ist alles keine Zauberei.

Wir finden schon! Wo haben Sie das Zaubern gelernt?

Nach meinem Abitur in Prien habe ich immer für die WG gekocht, später in Bernau am Jägerhof gelernt, war dann in einem kleinen Familienbetrieb in Schottland, bei Karl Ederer in München, im Le Canard in Hamburg, in London und zwei Jahre in Schanghai, bevor ich den Wildenwart übernommen habe.

Sie haben dennoch viele Klassiker auf der Karte.

Die gehören hierher und auch zum Biergarten. Die Schweinshaxe steht seit 33 Jahren auf der Karte. Aber alles muss frisch sein.

Was ist Ihr persönliches Lieblingsgericht?

Ganz frische Pellkartoffeln mit viel Butter, ordentlich Salz und gut angemachtem handgeschöpftem Quark. Die Kartoffeln müssen festkochend sein, mit dünner Schale und dann eine kalte Milch dazu. Fleisch esse ich nur noch wenig, aber viel, viel Fisch. Den bereite ich auch sehr gerne zu.

KULINARISCHER
HERBST

Spinatknödel

Für 4 Personen

Brot in eine Schüssel geben und die Milch darübergießen. Ziehen lassen.
Spinat putzen und zweimal waschen. Anschließend grob hacken. Zwiebel in feine Würfel schneiden und Knoblauchzehen fein hacken.
1 EL Butter in eine Pfanne geben, darin Zwiebelwürfel und Knoblauchzehen andünsten. Gehackten Spinat zugeben und so lange dünsten, bis er zusammenfällt. In ein Sieb geben, gut abtropfen lassen.
Spinat, Eier, Mehl und Quark zur Semmelmasse geben. Mit Salz, Pfeffer, Muskat würzen und alles gut vermengen. Den Knödelteig ca. 20 Minuten ruhen lassen.
In einem großen Topf Wasser zum Kochen bringen und salzen. Knödel in Golfballgröße abdrehen und vorsichtig in das kochende Wasser einlegen. Hitze reduzieren und die Knödel ca. 15 Minuten ziehen lassen.
Restliche Butter in einen Topf geben und schmelzen lassen, am besten schmeckt sie, wenn sie leicht gebräunt ist.
Knödel in tiefen Tellern anrichten, mit der flüssigen Butter übergießen und den Parmesan darüberreiben.

200 g Knödelbrot (altbackenes Weißbrot, fein geschnitten)
200 ml Milch
750 g Spinat
1 Zwiebel (mittlere Größe)
2 Knoblauchzehen
100 g Butter
150 g Mehl
2 Eier
50 g Quark
Salz, Pfeffer, Muskatnuss
50 g Parmesan

CAMBA
SPEZIALITÄTEN
Biersenf
Biersalz
Biergelee
Bierknuspermalz

CAMBA BAVARIA

In dieser Privatbrauerei ist man offen für Experimente: Pale Ale mit Mango-, Maracuja- und Zitronennoten, Stout mit Kaffee- und Zartbitter-Aromen, klassisches Weißbier mit neuseeländischem „Nelson Weiße Hopfen“ und die tolle Spezialität Oak Aged Bier, bei der das Bier neun Monate lang in einem Whiskey-Eichenfass reift und dessen Aromen annimmt. Spezialisiert auf Brauanlagen, die weltweit in Betrieb sind, entstand bei Camba 2011 die Idee, ihr Know-how auch der Öffentlichkeit zugänglich zu machen. Und so kann man die zahlreichen Biere gleich vor Ort kosten – in dem großen Gastraum der alten Mühle und mit Blick auf die Braukessel. Denn wie es in der klösterlichen Stube, der Camba, einst hieß: „Heute back ich, morgen brau ich“, ist hier alles – Steinbackofen inklusive – in einem Raum versammelt. Man kann sich auch auf die Terrasse am Weiher setzen und zu seinem Bier bayerische Spezialitäten probieren. Einen guten Querschnitt bieten die „Schmankerl für Zwoa“, bei denen in kleinen Einweckgläsern Obazda, Schwammerl-Salat, Essigknödel, Haxerlsülze, gesalzene Bierbutter und Brotaufstriche serviert werden und das Biertreiberbrot, das man vor Ort auch kaufen kann. Ganz wie die vielen spannenden Biersorten, einzeln, in schicken Bügel-Flaschen abgefüllt, oder in schönen Holzkisten, die aus einer Behindertenwerkstatt in der Nähe stammen. Wer tiefer in die Materie eintauchen möchte, kann auch einen Rundgang machen und sich die Brauverfahren erklären lassen.

13 Camba Bavaria Adresse: Mühlweg 2, 83376 Truchtlaching
Tel: 0049 (0)8667 809466 Internet: www.cambabavaria.de
Öffnungszeiten: Montag – Samstag 10.00 – 21.00 Uhr,
Bierverkauf: Montag – Freitag 10.00 – 18.00 Uhr, Samstag 10.00 – 12.00 Uhr

Augustiner

CAMBA
BAVARIA
TRUCHTLACHING

Camba

DASMAXIMUM
KunstGegenwart

DAS MAXIMUM

Andy Warhol, Walter de Maria, Georg Baselitz – und das mitten in Oberbayern! In den alten Werkshallen in Traunreut, in denen einst der Kleinwagen „Spatz“ produziert wurde, eröffnete der Galerist, Mäzen und Sammler Heiner Friedrich 2011 ein Kunstmuseum, das die Moderne feiert. Außen sind die Hallen kunterbunt angemalt, und innen kann man in schönstem Tageslicht durch die Werkgruppen von vier amerikanischen und vier deutschen Künstlern spazieren. Sie sind Weggefährten von Friedrich, der Anfang der 1970er-Jahre von München nach New York ging, an der Gründung der Dia Art Foundation beteiligt war und der Walter de Marias grandiose Land-Art-Ikone „Lightning Field“ in der Wüste New Mexicos ermöglichte. Jahrzehntelang hat Friedrich die Kunstachse New York – München lebendig gehalten, jetzt ist er in die Metallwerkhallen zurückgekehrt, die einst seinem Vater gehörten.
Auf 3000 Quadratmetern konzentriert er sich auf die Arbeiten von Baselitz, Imi Knoebel, Uwe Lausen und Maria Zerres, dazu sind Werkgruppen von John Chamberlain, Dan Flavin, de Maria und Warhol zu sehen. Da leuchten Flavins „European Couples“, ist de Marias „Equal Area Series“ auf dem Boden ausgelegt und stehen Baselitz’ Porträts kopf. So prätentiös der Name Maximum klingt, so auf den Punkt gebracht ist die Präsentation der Werke. Nichts lenkt den Blick auf sie ab, und ganz in Ruhe kann man sie genießen.

14 Das Maximum Adresse: Fridtjof-Nansen-Str. 16, 83301 Traunreut
Tel: 0049 (0)8669 1203713 Internet: www.dasmaximum.com
Öffnungszeiten: 25. März – 27. Oktober: Samstag und Sonntag 12.00 – 18.00 Uhr, ab 28. Oktober: Samstag und Sonntag 11.00 – 16.00 Uhr

Nesselauer-Alm
Märchenwald ½ Std

CHIEMGAUER ALPENVORLAND

Im Alpenvorland geht's in die Berge „aufi". Am liebsten zur Kampenwand, auf die täglich Hunderte Wanderer, Kletterer, Mountainbiker und Gleitflieger in leuchtend roten Gondeln die 1669 Meter den Berg hinaufgefahren werden – und dabei fantastische Ausblicke genießen. Oben dann abwechslungsreiche Wanderrouten und der fast ebene Panoramaweg mit toller Aussicht auf den Chiemsee samt seinen Inseln, auf das Watzmannmassiv, den Großglockner und vieles mehr. Aber es muss nicht immer die Kampenwand sein. Viele kleinere Wanderungen führen auf malerische Almen, zu Sennereien oder Hütten, von denen einige bereits in Südtirol liegen. Wer im Tal bleibt, kann auch dort herrlich entschleunigen. Im beschaulichen Aschau im Chiemgau plätschert der Bergbach, thront das Schloss Hohenaschau seit dem 12. Jahrhundert über dem majestätischen Priental und führen zahlreiche tolle Radwege durch die Idylle.

Im Hochtal Samerberg dann reihen sich vier kunsthistorisch interessante Kirchen aneinander, die man bergauf, bergab erkunden kann, und die sanfte Landschaft ist hier besonders eindrücklich. Schöne Wege führen durch unberührte Natur von Grainbach nach Törwang und die Samerberger Filze, ein Moorgebiet, das an der tiefsten Stelle des Samerberger Hochtal-Beckens liegt und ein Naturparadies mit vielen seltenen Blumen ist. Ein Rundpfad, den man in einer Stunde begehen kann, lässt nachvollziehen, wie das Gebiet in der Eiszeit entstand, und erläutert Flora und Fauna der Gegend.

berge

berge

BERGE

Dieses Hotel ist ein Ort, wie es ihn im Chiemgau sonst nicht gibt – und auch nicht anderswo. Nils Holger Moormann, bekannt für sein ausgelassenes Design, hat es in einem einstigen Landschulheim in Aschau eröffnet. Und schon die Baustellenhelme, die am Eingang auf Eisenstangen aufgereiht sind, stimmen einen auf die besondere und augenzwinkernde Atmosphäre des Hauses ein. Jedes Zimmer ist ein Unikat – vom weißen „Sommerloch" mit Terrasse und einem Raumteiler, der wie eine Skulptur wirkt, dem „K3" mit Küche und Kampenwandblick bis zur „Bergebude" mit ihren pfiffig eingelassenen Betten. Das Frühstück kann man sich vors Zimmer stellen lassen und es da zu sich nehmen, wo es am schönsten ist. Und das ist schwer. Im Bett? Im großen Essraum mit Kochinsel und Kamin? Oder vielleicht doch im Garten, wo im Hintergrund rote Gondeln Wanderlustige die Kampenwand hochfahren.
Will man nicht selbst „aufi", kann man im Literatenstüberl schmökern oder einfach durch die Gänge streifen und sich mit den launigen Details unterhalten, die einem dort auf Schritt und Tritt begegnen. Ob das die Bitte ist, die Nachtruhe zwischen drei und fünf Uhr nachts einzuhalten, oder der Feuerlöscher, der auf zwei Feuerwehrhandschuhen ruht.
Besonders ist auch, wie besonnen man umsorgt wird. Auf dem Zimmer steht Rotwein, ein Weinkeller steht jedem, der noch ein Schlückchen mehr braucht, offen, und das „berge"-Magazin bietet ein Best-of an Tipps für die Umgebung.

15 berge Adresse: Kampenwandstraße 85, 83229 Aschau im Chiemgau
Tel: 0049 (0)8052 904517 Internet: www.moormann-berge.de
Preise: Apartments ab 90 Euro

berge

Ein Gespräch mit Nils Holger Moormann

Designer und Hotelinhaber des berge

Man kennt es ja, dass Designer Hotels ausstatten. Sie aber haben gleich Ihr eigenes eröffnet. Wie kam das?

Ich bin da reingerutscht, denn ich möchte interessante Leute nach Aschau locken und dafür sorgen, dass sie die Gegend vielleicht mit neuen, anderen Augen sehen. Das macht mir einfach sehr großen Spaß.

Und wie es aussieht, macht es Ihnen auch Spaß, in berge auf jedes Detail zu achten.

Und wie. Unsere Detailliebe geht dabei vom Topf über den Dosenöffner bis hin zur Seifenverpackung, da sind wir ganz unerbittlich. Sich so allumfassend um ein Projekt zu kümmern, das dann auch noch in den eigenen Händen liegt, ist eine große Freude. Aber genauso wichtig ist es für uns, dass Leute, die ins berge kommen, nicht nur die Gestaltung sehen, sondern dass sie auch gelebt wird.

Die Fußböden sind unbehandelt, die Wände mit Lehm gedämmt ...

Und jetzt switchen wir auch auf Bio-Hotel um. Für mich ist das eine Gesinnungstat. Sie ist gar nicht einfach umzusetzen, da manches gar nicht zertifiziert ist. Aber dennoch sind mir die knallharten Regularien wichtig.

Was macht das berge aus?

Für mich ist berge ist ein Ort, wie Katzen und Hunde ihn sich suchen, etwa wenn sie sich an komische Plätze legen, die dann aber doch total Sinn machen. Kein Handy, kein Internet. Erst stutzen manche Gäste, aber viele sagen danach, wie gut es ihnen getan hat. Wir wünschen uns es ja alle, mal in Ruhe zu lesen oder etwas zu schreiben, und berge ist dazu da, sich ganz in Ruhe auszuklinken. Für mich hat berge die Kraft anzukommen und mir Lebensenergie zu geben, es hat eine kathartische Wirkung.

Idee
keine Idee

☞ Laden – Nils Holger Moormann

Schon das Entree ist toll. Nicht nur, weil der Moormann-Laden am prächtigen Glockenturm von Aschau liegt, sondern auch weil am Eingang Flaggen flattern, die mit seinem Namen bedruckt sind, so wie er auf Postsendungen häufig falsch geschrieben wurde. Man betritt einen Kosmos, der auf jedem Quadratmeter zeigt, dass hier jemand seine ganz eigene Vision ausgelebt hat. Die Möbel werden in Ställen präsentiert, in den Arbeitsräumen sind Gardinen auf die Wände gemalt, und während man am Eingang von der Wall of Blame empfangen wird, in der namhafte Designer in Verbrechermanier für einen Mugshot posieren, sind in der Hall of Fame Moormanns zahlreiche Auszeichnungen, die, hat er sie mit jemandem geteilt, schon mal durchgesägt sind.

Adresse: An der Festhalle 2, 83229 Aschau im Chiemgau
Tel: 0049 (0)8052 90450, Internet: www.moormann.de

Wall of Fame

☞ Metzgerei Angermann

„Ohne Wurst und Speck hat das Leben keinen Zweck“, heißt es in der Aschauer Fleischerei. Und seit 1973 sorgen die Angermanns dafür, dass diese von bleibend hoher Qualität sind. Regelmäßig kassieren sie beim Wettbewerb des Fleischerfachverbands die Goldmedaille – für ihre grobe Bauernleberwurst und ihre Delikatessleberwurst fein, und darüber hinaus haben sie noch viele andere hausgemachte Spezialitäten. Die Tiere stammen aus der Weide- und Almhaltung in der Region, geschlachtet wird selber. Und auf jeden Fall sollten Sie sich eine Leberkäs-Semmel zubereiten lassen, frisch vor Ort mit dem würzig feinen Leberkäs, einem frischen Brötchen und Senf.

Adresse: Schulstraße 2, 83229 Aschau im Chiemgau
Tel: 0049 (0)8052 2455, Internet: www.metzgerei-angermann.de
Öffnungszeiten: Montag – Freitag 8.00 – 18.00 Uhr, Samstag 7.30 – 12.00 Uhr

Ohne Wurst
und Speck
hat das Leben
keinen Zweck

GASTHOF ALPENROSE

Der Sohn des Hauses, Florian Wörndl, hat in der Steiermark kochen gelernt, und das fließt in die Karte des urigen Gasthauses ein, das direkt neben der Kirche in Samerberg liegt. Er verwendet gerne Kürbiskernöl, serviert Klassiker wie Tellerfleisch mit Kartoffel-Gurkensalat, lässt sich aber auch schon mal von einer Sushi-Köchin aus Japan unterrichten. Dennoch bleibt die Alpenrose ein Familienbetrieb, in dem Wörndls Schwester abends serviert und seine 90-jährige Oma jeden Tag in der Küche steht und ihre legendären Mehlspeisen zubereitet.

Man kann draußen am plätschernden Brunnen und unter Linden sitzen, auf der Veranda, die von den großen Blättern der Pfeifenwinde umrankt ist, oder in einer der urigen Stuben mit ihren Kachelöfen. Köstlich ist die Rehleberwurst mit Passionsfruchtblaukraut und angebratenen Knödelscheiben, das Risotto kommt mit gebratener Blutwurst und getrockneten Tomaten, und dazu gibt es viele bayerische Spezialitäten. Trinken Sie ein helles Wieninger Weißbier vom Fass dazu und gönnen Sie sich zum Abschluss unbedingt einen „Schlichter Sturm“, sofern die Rarität gerade vorrätig ist. Seit 2500 Jahren wird sie in der Weststeiermark aus der Schlichtertraube gewonnen, ist berühmt dafür, Fette aufzuspalten – und auch für ihren schwierigen Transport. Da die Flaschen nicht geschlossen sein dürfen, fährt jedes Jahr extra jemand aus der Alpenrose in die Steiermark und karrt sie vorsichtig nach Samerberg.

16 Gasthof Alpenrose Adresse: Kirchplatz 2, 83122 Samerberg/Grainbach
Tel: 0049 (0)8032 8263 Internet: www.alpenrose-samerberg.de
Öffnungszeiten: Mittwoch bis Sonntag durchgehend, Montag und Dienstag Ruhetag

STOANA ALM

Sanft schlängelt sich der kleine Pfad durch die Wiesen den Berg hinauf, an Kühen vorbei, durch ein kleines Waldstück und hin und wieder an der Straße entlang. Er führt, immer leicht und beständig bergauf, zur Jausenstation Stoana Alm, die auf 1055 Metern unterhalb des Spitzsteins liegt. Oben wird man mit einem herrlichen Blick ins Tal belohnt, mit original Tiroler Spezialitäten und manchmal auch mit der passenden handgemachten Musik dazu. Während der Hollersaft, eine Schorle mit Holunder, perfekt den Aufstiegsdurst löscht, haben die Gerichte es in sich. Schlicht und lecker und äußerst gehaltvoll holen sie die beim Wandern verbrauchten Kalorien mehrfach wieder rein. Mit Schwung serviert Sepp Staffner Spinatknödel mit Parmesan und Salbei und Kaspressknödel mit Kraut. Diese österreichische Spezialität wird aus Semmelbröckerl und Käse aus der Region hergestellt und platt gepresst serviert. Falls Sie danach noch in der Lage dazu sind, sollten Sie den herrlich sabschigen Topfenstrudel mit Rosinen probieren. Wir fanden ihn perfekt, obwohl unter Aschauern mitunter erbitterte Diskussionen geführt werden, wer denn nun den besten Topfenstrudel der Region serviert – und die Stoana und die Wildbichl Alm liefern sich dabei ein Kopf-an-Kopf-Rennen.
Parken Sie in Sachrang auf dem Parkplatz Reichenau am Ortsende und starten Sie am Wanderweg Bayern-Tirol. Der Aufstieg ist relativ leicht und dauert circa eine Stunde.

17 Stoana Alm Adresse: Alm 50, Erlerberg, 6342 Erl (Österreich)
Tel: 0043 (0)5373 8323 Internet: www.stoana-alm.info
Öffnungszeiten: Januar – Oktober: Täglich, Dienstag und Mittwoch Ruhetag

☞ Wildbichl Alm

Die Alm, die auf 1020 Metern in Tirol liegt, ist einfach zu Fuß in 45 Minuten zu erreichen. Sie ist fast das ganze Jahr über bewirtschaftet, bietet einen wunderbaren Blick auf das Kaisergebirge, Inntal, Wendelstein, Spitzstein – und einen Topfenstrudel, der es mit dem der Stoana Alm aufnehmen kann. Den können Sie vor der Hütte in schönster Südsonne essen und auch viele andere Tiroler Spezialitäten. Der Parkplatz zum Aufstieg liegt in der Nähe des Gasthofs Wildbichl in Samerang. Einfach 500 Meter nach dem Gasthof links einbiegen und dann noch circa einen Kilometer fahren. Orientieren Sie sich an den roten Punkten und Pfeilen an den Bäumen. Wird es etwas später, ist der Rückweg auch im Dunkeln gut zu finden.

Tel: 0043 (0)644 540 3205
Öffnungszeiten: Januar – Ende November: Täglich, Montag und Dienstag geschlossen

☞ Bio Sennerei Hatzenstädt

Seit mehr als 60 Jahren wird in der Tiroler Sennerei Hatzenstädt gekäst, und seit 1990 bewirtschaften die 43 Sennereien ihre Berghöfe nach den Richtlinien des biologischen Anbauverbandes „Ernte für das Leben". Am frühen Morgen und abends wird die Milch mit Seilbahnen, die direkt an der Sennerei enden, den Berg hinuntergeschickt. 365 Tage im Jahr wird Käse hergestellt, und besonders lecker sind der Emmentaler, der bei 20 Grad und 75% Luftfeuchtigkeit rund drei Monate reift, und der Bergkäse, der während der Reifung mit Rotschmierebakterien und Salzwasser eingerieben wird. Zur Sennerei gehört ein kleiner Laden, in dem der Käse probiert und gekauft werden kann.

Adresse: Gränzing 24, 6342 Niederndorferberg, Österreich
Tel: 0043 (0)5373 61713, Internet: www.hatzenstaedt.at

BIO
SENNEREI
HATZENSTÄDT
Achtung
Seilbahnausfahrt

BERGGASTHOF BUTZN WIRT

Im Butzn Wirt herrscht bayerische Idylle pur. Rundherum herrliche Berge, Apfelbäume und saftige Wiesen, sanftes Kuhglockengeläut und ein wenig den Berg hinauf rauscht der Nesslauer Wasserfall, der zusätzlich für fantastische Luft sorgt. Draußen hört man ihre Glocken bimmeln, drinnen im Butzn Wirt sind die Kühe auf zahlreichen Gemälden zu sehen. Diese zu sammeln ist eine Leidenschaft von Brigitte Deyerl, die das Haus seit 2011 führt. Anton Zeller, der Besitzer und Architekt, hat den Ausbau geplant, und es strahlt schön schlicht und ist ganz aufs Holz konzentriert. Geweihe hängen an den stuckverzierten Wänden, die Tischdecken sind kariert, die sechs Zimmer lauschig und individuell eingerichtet und haben einen tollen Blick auf die Landschaft. Wacht man dort morgens auf, hat man das Gefühl, mitten in einem Bilderbuch gelandet zu sein. So zieht es auch andere Gäste in den Butzn Wirt, auf die tolle Terrasse, wo man den Strudel essen sollte, dessen Äpfel von den eigenen Bäumen stammen und der nicht zu süß, sondern eher säuerlich frisch ist. Im Restaurant reicht die Auswahl vom Schaumsupperl von der Süßkartoffel und Holzofenchips mit Almspeckkrusteln zu Schweinsbraten und Carpaccio vom Junghirschrücken. Das Wild stammt vom Brandl-Jäger, und an manchen Abenden kommt die Geschichtenerzählerin Monika Aigner vorbei und unterhält mit Märchen auf Bayerisch.

18 Berggasthof Butzn Wirt Adresse: Brand 18, 83324 Ruhpolding
Tel: 0049 (0)8663 1422 Internet: www.butznwirt.de
Preise: DZ 80 Euro inkl. Frühstück Öffnungszeiten: Täglich 10.00 – 22.00 Uhr, Küche 11.00 – 14.00 Uhr und 17.00 – 21.00 Uhr, Donnerstag Ruhetag

☞ Café Windbeutelgräfin

Dieser Ort ist vor allem ein Kuriosum. Bereits 1978 haben Jochen und Anneliese Grill dem Kammersänger Rudolf Schock ihren 500.000sten Lohengrin-Windbeutel serviert, der 2.140.000ste ging 2011 an die Eisprinzessin Katarina Witt, und seither sind Abertausende weitere über den Tresen gereicht worden. Vor allem groß sind sie, mit einem Schwanenhals aus Pappe und mit 20 verschiedenen Füllungen erhältlich – und Hunderten Kalorien. Doch die Windbeutelgräfin ist nicht nur ein Café, an dem auch gern Reisegruppen halten, sondern vor allem ein beeindruckendes Museum. Hausherr Jochen Grill hat die einzelnen Stuben historischen Helden wie dem Freiheitskämpfer Andreas Hofer gewidmet, in dem „Marie-Theresien-Zimmer" waren einst die französischen Offiziere einquartiert, die den Einmarsch in Südtirol organisierten.

Adresse: Brander Straße 23, 83324 Ruhpolding
Tel: 0049 (0)8663 1685
Internet: www.windbeutelgraefin.de
Öffnungszeiten: Dienstag – Sonntag 10.00 – 18.00 Uhr,
Montag geschlossen

MühlBauer
Johann Gruber
*1855 – † 1930

A. + J. Grill
Ruhpolding

TEGERNSEE

Nachdem der bayerische König Max I. das Tal rund um den Tegernsee Anfang des 19. Jahrhunderts für sich entdeckte, wurde es zu einem beliebten Ziel für die Sommerfrische. Erst kam die Münchner Hofgesellschaft, dann der europäische Adel, und später siedelten sich immer mehr gut situierte Bürger rund um den Tegernsee an. Nicht umsonst trägt er bei manchen den Spitznamen Lago di Bonzo, eine augenzwinkernde „Italienisierung" des Begriffs Bonze. Das Schöne am Tegernsee aber ist, dass er dennoch fast vollständig öffentlich zugänglich ist.

Sein Ufer ist abwechslungsreich, mal mit Schilf bewachsen, dann ganz schlicht, und dann wieder gibt es Badebuchten. Einen der vielen, besonders schönen Blicke hat man in der Egerner Bucht im Südosten des Sees. Weil sie ein beliebter Ort für Künstler war, die wussten, was eine gute Perspektive ist, und von dort aus Rottach malten, wird sie auch Malerwinkel genannt. Ebenfalls direkt am Ufer mit Biergarten und malerischem Ausblick liegt auch das berühmte Braustüberl des Herzoglich Bayerischen Brauhauses Tegernsee, das König Max I. 1817 erwarb.

Neben dem Örtchen Tegernsee selbst reihen sich Gmund, Rottach-Egern, Kreuth und Bad Wiessee um den Tegernsee herum, ermöglichen die unterschiedlichsten Blickwinkel und laden immer wieder dazu ein, die Hänge hinaufzuwandern und die Ausblicke zu genießen. Denn wohin man schaut, herrscht blau weiße Postkartenidylle, die im Gegensatz zum weltoffeneren Chiemgau hier streng bewahrt wird – auch per Gesetz, das in Tegernsee Häuser ohne Spitzdach verbietet.

TANNERHOF

TANNERHOF

Schon Anfang des 20. Jahrhunderts ließ man es sich auf dem Tannerhof gut gehen – mit Bädern in einer Berggrotte, Freiluftgymnastik und in lauschigen Blockhütten, die bis heute über den Hang verteilt sind. Mittlerweile ist aus dem Sanatorium ein Bio-Hotel mit Wellness-Programm, Heilfasten, Yoga, Pilates und Saunen geworden, umgeben von absoluter Idylle. Schafe mit Medici-Gesichtern empfangen einen, Lamas, die vor dem Schlachter gerettet wurden, grasen friedlich zwischen dem Haupthaus und den Almhütten, zu denen seit 2012 auch zwei preisgekrönte dreigeschossige „Lufthütten" gehören, die schon von Weitem zu sehen sind. Abschalten vom Alltag heißt die Devise im Tannerhof, wieder mit sich selbst in Kontakt zu treten und es sich wohlergehen zu lassen. Das kann man auch in der Kunsttherapie, im Kaminraum mit Kunstbänden oder Büchern über die Berliner Prinzessinnengärten und bei der Bioküche – oder dem Heilfasten. Die Essräume sind eigens dazu aufgeteilt. Schließlich möchte man die Heilfastenden im Kaminzimmer, die gerade mal an einer Brühe nippen dürfen, nicht mit dem Anblick des reichhaltigen Frühstücks mit verschiedenen Eierspeisen, Vollkornbroten, Müslis und Obst konfrontieren. Dennoch geht es hier keineswegs verbissen zu. Davon zeugt auch das Bild von Helmut Schmidt, das über der Bar hängt, ihn genüsslich mit einer Zigarette zeigt und darunter steht: „Früher war alles besser!" Nur das Kulturprogramm des Tannerhofs nicht. Heute gibt es ein interessantes Magazin – und Singer-Songwriter-Abende mit Talenten aus der Region.

19 Tannerhof Adresse: Tannerhofstraße 32, 83735 Bayrischzell
Tel: 0049 (0)8023 810 Internet: www.tannerhof.de
Preise: DZ ab 90 Euro pro Person inkl. Halbpension mit Frühstücksbuffet

glutenfreies
Brot
Sojamilch

JETZT SIE SPAREN 415
SCHLAFSOFA FLIPPER
SK 98
JETZT SIE SPAREN
415
SCHLAFSOFA FLIPPER

Ein Gespräch mit Burgi von Mengershausen

Inhaberin des Tannerhofs

Ihr Logo ist ein fünfzackiger blauer Stern. Ganz schön gewagt.

Klar soll er an den Roten Stern erinnern und auch ein Freiheitssymbol sein, das für Aufbruch steht. Aber er steht auch für Frische.

Der Tannerhof gehört schon lange Ihrer Familie.

Seit 1904. Da haben meine Urgroßeltern das Bauernhaus Tannerhof gekauft. Mein Urgroßvater war Arzt, meine Urgroßmutter Krankenschwester, und sie gehörten zu der Bewegung, die sich gegen die Industrialisierung wandte und das Zurück zur Natur propagierte. Gemeinsam haben sie die Hütten gebaut und zur Sommerfrische eingeladen. Manchmal kamen die Leute für zwei Monate hierher und haben bei der Heuernte geholfen.

Sie selbst sind auch Ärztin.

Ja, ich komme aus einer Familie, in der einfach alle Ärzte sind. Meine Eltern waren es bereits in der dritten Generation.

Statt Heuernte werden einem heute die Koffer bis an die Hütte gefahren.

Ja natürlich. Mittlerweile haben wir andere Prioritäten, denn die Zeiten haben sich auch geändert. Heute geht es darum, wieder mehr in Kontakt mit sich selbst zu treten, beim Malen, Yoga oder Tai-Chi, zur Ruhe zu kommen und sich wieder selbst zu spüren.

Ein Aspekt dabei ist auch die Ernährung.

Ja ein sehr wichtiger. Bei uns kann man mit Brühe und Säften nach der Buchinger-Methode fasten oder ausgewogene und vollwertige Kost essen. Alles bei uns ist bio, es gibt vier Fleisch- und Fischtage in der Woche, die anderen drei Tage sind vegetarisch. So kann man auch die Erfahrung machen, wie köstlich vegetarische Küche sein kann.

☞ Kaminstub'n

Seinen Namen hat dieses Traditionsrestaurant nicht von ungefähr. Bei den Wirtsleuten Angelika und Bernhard Kampmiller sitzt man an Holztischen um ein knisterndes Feuer, auf dem das Fleisch brutzelt. Alles ist ganz schlicht, die Atmosphäre urig und familiär, und statt eine Karte zu reichen, kommt die Wirtin mit einer großen Fleischplatte an den Tisch, von der man sein Stück auswählen kann. Das Angebot wechselt, die Auswahl ist immer groß mit Lammkarree, Wildschweinfilet, Hirsch und Kalb, Rippe, Flugentenbrust oder Schweinefilet und so auf den Punkt gegrillt, dass man die Saucen ruhig ignorieren kann. Manchmal gibt es auch Rentier-, Straußen- oder Kängurufleisch und immer einen Salat dazu. Sie sollten reservieren.

Adresse: Alpenstraße 44, 83735 Bayrischzell
Tel: 0049 (0)8023 684
Öffnungszeiten: Mittwoch – Montag 18.30 – 24.00 Uhr, Dienstag geschlossen
Preise: Hausmiete ab 680 Euro am Tag, Öffnungszeiten: Anfang Juni – Ende September: Freitag – Sonntag 11.00 – 19.00 Uhr, im Herbst 11.00 – 17.00 Uhr

GASTHAUS JENNERWEIN

An einer großen Kreuzung und geschützt hinter dichten Hecken liegt dieser Gasthof, der idyllisch, authentisch und sehr schön ist. Die Wandtäfelungen sind aus Zirbenholz, die Holztische schlicht, im Winter bullern die Kachelöfen, und Kerzen brennen sowieso. 2010 hat der junge Georg „Schorsch" Weber den Traditionsgasthof übernommen und konzentriert sich ganz auf bayerische Schmankerl und auf österreichische und Südtiroler Küche, die er mit seiner besonderen Handschrift versieht. Köstlich intensiv ist das Böfflamott an gebratenen Semmelknödeln, das auch eins von Webers Favoriten ist, oder lauwarme Blutwurst auf Specksauerkraut mit Karamellapfel. Falls dann noch irgendetwas geht, sollte es unbedingt der Kaiserschmarren sein mit Mandeln und Rosinen. Perfekt ist der Terlaner Classico 2010 aus Südtirol, einer der ausgesuchten Weine, die der Pfälzer, der u. a. in den Südtiroler Stuben von Alfons Schuhbeck gelernt hat, anbietet. Im Jennerwein fühlt man sich auf Anhieb wohl, alles ist so geschmackvoll wie down to earth, dass regelmäßig Gäste extra aus München angefahren kommen. Mit Pech gibt es dann nur noch einen Platz an der Bar am Eingang, an der Schorsch Weber auch mal selber ein Bier zapft. Das Essen schmeckt dort natürlich genauso gut. Dennoch sollten Sie unbedingt reservieren. Wenn Sie es besonders lauschig haben wollen, dann einen der drei Tische auf der hölzernen Empore.

20 Gasthaus Jennerwein Adresse: Münchner Straße 127, 83703 Gmund-Dürnbach am Tegernsee Tel: 0049 (0)8022 706050 Internet: www.jennerwein-gasthaus.de Öffnungszeiten: Montag, Donnerstag und Freitag 11.00. – 14.00 Uhr und 17.00 – 22.00 Uhr, Mittwoch 17.00 – 22.00 Uhr, Samstag und Sonntag 11.00 – 22.00 Uhr

SEE-HOTEL-LUITP
HOTEL
LUITPOLD

SEEHOTEL LUITPOLD

In diesem Traditionshaus wohnt man nur eine Straßenbreite vom Tegernsee entfernt und blickt von jedem der 17 Zimmer mit ihren schönen gedrechselten Holzbalkonen auf das Wasser. Das Seehotel wurde gerade komplett renoviert und mit einem Mix aus antiken und modernen Möbeln ausgestattet. In der Eingangshalle treffen Barockmöbel auf restaurierte Steinfußböden und einen opulenten Kronleuchter, der sich durch das gesamte Treppenhaus zieht. In den Zimmern stehen Designerbetten unter Holzgebälk, und es findet sich auch schon mal eine Wandmalerei.
Alles ist auf Heimeligkeit ausgelegt, von den warmen Lampen zu karierter Bettwäsche, Philippe-Starck- oder Lefroy-Brooks-Bädern und schlichten Polstern. Besonders schön ist es, in einem der oberen Eckzimmer zu übernachten, die Aussichten und Balkone zu mehreren Seiten haben.
Das hoteleigene Restaurant legt sich auf keinen Stil fest und kombiniert Klassiker wie Backhendl, gebratene Seeforelle oder Wiener Schnitzel mit Tapas, Lammfilet auf griechischem Salat und Thai-Curry, und natürlich fehlt auch der Kaiserschmarren nicht. Und vor allem kann man das alles auf der Seeterrasse genießen – samt Sonnenuntergang vor sanfter Bergkulisse. Wenn Sie mögen, auch nur bei einem Drink.
Wem das alles noch nicht Entspannung genug ist, braucht vom Luitpold nur ein paar Schritte zum monte mare gehen, einer Therme mit Saunen und einer großen Sonnenterrasse, von der ein paar Holzstufen in den See führen.

21 Seehotel Luitpold Adresse: Hauptstraße 42, 83684 Tegernsee
Tel: 0049 (0)8022 1877970 Internet: www.seehotel-luitpold.de
Preise: DZ ab 145 Euro inkl. Frühstück

☞ Café Kreutzkamm am See

Gegenüber vom Seehotel Luitpold und direkt am Wasser liegt die Dependance der Münchner Konditorei, einst königlicher Hoflieferant und bekannt für ihre Torten, ihr Gebäck und vor allem ihren Baumkuchen, dessen Geheimrezept angeblich nur einigen wenigen Mitarbeitern bekannt ist. Setzen Sie sich auf die schlicht moderne Holzterrasse, bestellen Sie ein Stückchen vom „König der Kuchen“ und wundern Sie sich nicht über die etwas trockene Konsistenz seiner dünn geschnittenen Scheiben. Die Besonderheit des Kreutzkammer Baumkuchens ist, dass dessen Schichten vor offenem Feuer gebacken werden. Gerade das hat ihn so berühmt gemacht.

Adresse: Hauptstraße 45, 83684 Tegernsee
Tel: 0049 (0)8022 2719278, Internet: www.kreutzkamm.de
Öffnungszeiten: Täglich 9.00 – 19.00 Uhr, im Winter Montag Ruhetag

SEEHOTEL LUITPOLD
TEGERNSEE

☞ Leeberghof

Der Leeberghof bietet einen der schönsten Blicke auf den Tegernsee. Blaugrün schimmert der See im Tal, während man es sich auf der Terrasse und später am Abend auch an der legendären Bar gemütlich machen kann. Im Jahr 2000 hat Helmut Huber den Traditionshof mit seinen verzierten Giebeln, Inschriften und Malereien behutsam modernisiert. Keines der 15 Zimmer gleicht dem anderen, alle sind heimelig und „Bayern light" eingerichtet. Das Restaurant bietet Saisonales, die Kräuter kommen aus dem eigenen Garten, und die Marmeladen sind selbst eingekocht. Sie sollten abseits des großen Restaurants in der Stube „Zum wilden Jäger" reservieren mit ihren Karo-Tapeten, Geweihen und lässigem Schick.

Adresse: Ellingerstraße 10, 83684 Tegernsee, Tel: 0049 (0)8022 188090
Internet: www.leeberghof.de, Preise: DZ 175 Euro inkl. Frühstück

Bistro-Mukkefuck-Café

Café

DAS KARWENDEL UND GARMISCH-PARTENKIRCHEN

Die Gebirgsgruppe Karwendel im Hintergrund, zieht sich das Tölzer Land am Walchen- und am Kochelsee entlang, das Loisachtal hindurch und vorbei an dem Kloster Benediktbeuern, von dem Goethe schwärmte, wie köstlich dessen Lage wäre und wie überraschend sein Anblick. Genauso begeistert von der Landschaft war auch der Münchner „Blaue Reiter" Franz Marc, der 1914 in Ried bei Benediktbeuern ein Haus erwarb, ein Rehgehege anlegte und dort schließlich an seinem letzten großen Gemälde arbeitete, bevor er im Ersten Weltkrieg fiel. Sein Grab ist heute im benachbarten Kochel am See zu sehen.
Das im Südosten gelegene Garmisch-Partenkirchen hingegen zog zahlreiche Schriftsteller an. Lion Feuchtwanger ließ viele Passagen seines Romans „Erfolg" dort spielen, Kurt Tucholsky, Erich Kästner und Heinrich Mann wohnten und arbeiteten in Künstlerpensionen vor Ort. Und sogar Hollywood zog es nach Garmisch, und zwar in den legendären Nachtclub „Casa Carioca", in dem Richard Burton und Elizabeth Taylor das Tanzbein schwangen.
Heute allerdings geht es am Fuß der Zugspitze wesentlich weniger mondän zu. Gemütlich kann man durch die Fußgängerzone schlendern, in der man eine gut sortierte Buchhandlung findet und sich an den historischen Bauernhäusern im Stadtkern erfreuen kann.
Am schönsten aber ist es, auf den Kochelberg zu steigen und durch die Partnachklamm zu wandern, die vom Parkplatz am Olympia-Skistadion durch eine beeindruckende Felsschlucht führt, ganz einfach zu laufen ist und fantastische Ausblicke hat.

DAS KRANZBACH

Ein Blick vom Bergplateau genügte der britischen Aristokratin Mary Isabel Portman 1913, um zu beschließen: „Hier werde ich mir mein Schloss bauen." Und was für eins! Im Stil der englischen Arts-and-Crafts-Bewegung, die Kunst- und Kunsthandwerk vereinte, entstand ein ganz besonderes Anwesen im Country-House-Stil. Und heute weht durch die Gemäuer erneut britischer Geist. Die gefeierte Londoner Designerin Ilse Crawford hat das Wellnesshotel eingerichtet – mit Humor und einem Schick, der an die „Soho Houses" erinnert und der von überdimensionalen Stehlampen, Arne Jacobsens Schwan-Sessel zu Tischen von Eero Saarinen und Bubble Lamps von George Nelson reicht, und dazu sind die Wände in satten Farben gehalten. Man hat die Qual der Wahl, wo man es sich nach einem Tag im beeindruckenden Wellnessbereich gemütlich machen soll. Im Spielezimmer, in den Kaminzimmern oder an der Bar – und überall bieten sich dazu die spektakulären Ausblicke auf die Gebirgsmassive Wetterstein, Karwendel und die Zugspitze, auf Wälder und Blumenwiesen. Im Kranzbach ist man unter sich, herrlich abgeschieden von der Welt und mitten im Naturschutzgebiet – und reist man allein, kann man beim Drei-Gänge-Dinner an einem der großen „Kommunikationstische" speisen. Längst wurde das Schloss erweitert, mit dezenten, modernen und lichtdurchfluteten Anbauten, die sich perfekt in die Landschaft einfügen. Eigenwilliger aber sind die Zimmer im „Mary Portman House" mit ihren hohen Decken, hummel- und schmetterlingsverzierten Tapeten und Wolkenbetten.

22 Das Kranzbach Adresse: Kranzbach 1, 82493 Kranzbach bei Garmisch-Partenkirchen Tel: 0049 (0)8823 928000 Internet: www.daskranzbach.de Preise: DZ 292 Euro inkl. Halbpension

☞ Schloss Elmau

Der Bildungsbürgertum-Klassiker, wenn es um die Kombination aus Naturerleben, Wellness und Kultur geht. Ein Traditionshaus, das berühmt ist für seine Konzerte, Lesungen, sein stilvolles Interieur und für seinen aufgeschlossenen Geist. Kommt man als Gast von außerhalb, um auf einen Kaffee vorbeizuschauen oder in dem gut sortierten Buchladen zu stöbern, zeigt man an der Rezeption allerdings wenig Weltoffenheit. Reisen Sie mit Kindern, ist das luxuriöse Hideaway ein guter Ort. Für die Kleinen gibt es einen Kidsclub, ein Familienspa und Betreuung.

Adresse: Elmau 2, 82493 Krün
Tel: 0049 (0)8823 180, Internet: www.schloss-elmau.de
Preise: DZ 396 Euro inkl. Frühstück und Abendessen „Dine Around" für 45 Euro pro Person

Gasthaus Ferchensee

GASTHAUS FERCHENSEE

Die Wanderung von Schloss Elmau, die am Hotelparkplatz vorbei und in den Wald hineinführt, ist einfach und beliebt, hat kaum Steigungen und führt in drei Kilometern an den Ferchensee. Glasklar, mit Hechten, Zandern, Schleien und Forellen, die auch schon mal einen kunstvoll hohen Sprung aus dem Wasser hinaus wagen, glitzert er auf 1060 Metern Höhe. Direkt am See liegt das Gasthaus Ferchensee, und dessen Biergarten reicht so nah an ihn heran, dass man beim Essen den Fischen beim Flossenwedeln zuschauen kann. Probieren Sie den saftigen hausgemachten Apfelstrudel mit Sahne, aber essen Sie ihn besser zu zweit, denn die Portionen sind sehr, sehr ordentlich. So auch die einer anderen Spezialität des Gasthauses, dem Ferchenseer Knödeltris mit Speck-, Kas- und Spinatknödel mit zerlassener Butter und frischem Parmesan. Danach kann man sich mit einem Seufzer zurücklehnen und die Aussicht auf den Kranzberg genießen.
Der Fernchensee ist so frisch und klar, weil er von Bergbächen gespeist wird, und im Sommer ist es eine Freude, sich ans Ufer zu legen, ein herrlich kühles Bad zu nehmen oder sich im Gasthaus ein Boot auszuleihen. Während der Angelsaison von Mai bis Oktober kann man auch seinen eigenen Haken auswerfen. Fragen Sie im Gasthaus nach. Wer noch weitergehen möchte, kann Richtung Mittenwald zum Lautersee wandern (etwa 30 Minuten) und auch weiter bis nach Mittenwald. Am Ferchensee hält ebenfalls ein Bus.

23 Gasthaus Ferchensee Adresse: Am Ferchensee 1, 82481 Mittenwald
Tel: 0049 (0)8823 1409 Internet: www.ferchensee.eu
Öffnungszeiten: Täglich 9.00 – 17.00 Uhr, warme Küche von 11.30 – 14.30 Uhr

BLOCK'S POST

In dem ältesten Gasthof von Krün machte schon König Ludwig II. auf seinen Touren ins Soierngebirge halt. Mit Sinn für die Vergangenheit haben die Blocks dem Gasthof eine Verjüngungskur verpasst. Die Wände der Gamsleiten-Stube sind mit Lehm verputzt, altes Gemäuer wurde freigelegt, die Eichenböden restauriert, ein historischer Brotbackofen eingebaut und die Stuben mit modern stilisierten Bauernmöbeln eingerichtet, mit gestapeltem Holz neben dem Kamin und leuchtend rot gestrichenen Wänden. Verantwortlich für das alles sind ein Vater mit seinen beiden Söhnen: Küchenchef Josef Block, Sohn Josef, der Barmann ist, und Sohn Bernhard, ein Konditor, der in seinem Spezialofen Pizzen backt, die schmecken, als kämen sie direkt aus Sizilien. Dazu passt, dass sie im Sommer auch draußen gebacken werden. In den Gaststuben und auf der schönen Veranda, von den Blocks Freisitz genannt, wird bayerische Küche mit Tiroler Einschlag serviert, Ochsenbackerl, Renken – und Wert wird dabei vor allem auf Saisonalität, Frische und regionale Zutaten gelegt. Das Wild kommt aus dem Karwendel, die Fische stammen aus dem Walchensee und das Bier ist aus Mittenwald. Perfekt zubereitet und ohne Schnörkel gibt es wechselnde Gerichte, und immer wieder werden ein paar längst vergessene Rezepte zu neuem Leben erweckt. Auf keinen Fall aber sollten Sie sich das selbst gemachte Eis mit Kürbiskernöl entgehen lassen.

24 Block's Post Adresse: Walchenseestraße 4, 82494 Krün
Tel: 0049 (0)8825 321 Internet: www.gasthof-blocks-post-kruen.de
Öffnungszeiten: Mittwoch – Freitag 15.00 – 23.00 Uhr, Samstag und Sonntag 13.00 – 23.00 Uhr, Montag und Dienstag geschlossen

Gasthof Post

EINGANG

KLOSTERBRÄUSTÜBERL BENEDIKTBEUERN

Die Geschichte eines der ältesten Benediktinerklöster Bayerns ist turbulent. 739 weihte der Hl. Bonifatius die dortige Kirche ein, 955 wurde sie durch die Ungarn zerstört, ab 1013 erlebte das Kloster seine Blütezeit, und 1490 wurde es durch einen Großbrand zerstört. 1699 entstand schließlich die barocke Klosteranlage, die bis heute so eindrucksvoll ist und von Künstlern wie Hans Georg Asam gestaltet wurde, der die Klosterkirche mit wunderschönen Fresken schmückte. Seit 1930 leben Brüder der Ordensgemeinschaft der Salesianer Don Boscos in der ehemaligen Abtei, und es gibt zahlreiche Führungen. Man kann durch den Klosterhof spazieren, und ein Besuch im Klosterbräustüberl gehört ebenfalls dazu. Nicht, dass es dort lauschig ist, ganz im Gegenteil. Das Stüberl ist eher ein Saal mit großem Biergarten – und brummt. Neben zünftiger bayerischer Küche wird unter dem schönen Kreuzgewölbe des früheren Jungrinderstalls Spaten Hell und Löwenbräu gezapft, überall wehen blau-weiße bayerische Wimpel, aber um die Holztische mit ihrer Patina versammeln sich durchaus nicht nur Touristen, sondern auch Einheimische. Sie schätzen die authentischen Klosterspezialitäten, zu denen gesottenes Ochsenfleisch ebenso gehört wie Schweinshaxe, gebackene kälberne Milzwurst und das saure Züngerl mit Semmelknödeln. Nebenan gibt es außerdem einen Klosterladen mit Kräutern, Tees und Büchern.

25 Klosterbräustüberl Benediktbeuern Adresse: Zeile Weg 2, 83671 Benediktbeuern Tel: 0049 (0)8857 9407 Internet: www.klosterwirt.de Öffnungszeiten: 1. November – 15. März: Täglich 10.00 – 23.00 Uhr, 16. März – 31. Oktober: Täglich 9.00 – 24.00 Uhr

BEI MARCUS

Sein Markenzeichen ist das Stirnband, das Marcus Haselbach in den verschiedensten Variationen trägt, wenn er gut gelaunt an den Töpfen in der offenen Küche herumwirbelt – ein weiteres ist seine konzentrierte und perfekt zusammengestellte Karte. Jeden Tag neu wird sie auf die augenzwinkernde Kopie von Michelangelos weltberühmtem Fresko aus der Sixtinischen Kapelle geschrieben, auf der der berühmte Fingerzeig Gottes nicht Adam trifft, sondern auf Marcus' Gerichte deutet. Drei Vor- und drei Hauptspeisen gibt es, und das seit zwölf Jahren und täglich frisch. „Bayern ist ja nicht nur Schweinshaxe", sagt der gebürtige Schwabe, „tomatisiert" das Risotto und reicht es mit feinem Kalbsragout, sautiert Steinpilze in Butter mit Petersilie und Parmesan, serviert das Carpaccio von Meeresfrüchten mit Staudensellerie und die Spaghetti mit Rinderfiletspitzen und Tomatensauce.
Eine besondere Spezialität gibt es immer dann, wenn Haselbach zu seiner Mutter nach Stuttgart fährt. Dann macht sie ihren legendären Nudelteig, und gemeinsam sitzen sie am Tisch und formen Maultauschen, Stück für Stück und alle in Handarbeit – und jedes Mal um die 300.
An schlichten dunklen Holztischen und in gemütlicher und persönlicher Atmosphäre kann man sie dann genießen, solange der Vorrat reicht. Serviert werden sie von Haselbachs Frau, und auch die älteste Tochter hilft manchmal mit.

26 bei marcus Adresse: Fürstenstraße 3, 82467 Garmisch-Partenkirchen
Tel: 0049 (0)8821 798000 Internet: www.beimarcus.de
Öffnungszeiten: Montag – Samstag 12.00 – 14.00 Uhr und 18.00 – 23.00 Uhr

Vorspeisen
- sautierte Steinpilze in Butter
10,80 mit Petersilie + Parmesan
- Carpaccio v. Meeresfrüchten mit
12,50 Staudensellerie an Hausmarinade
- Zucchini-Currysuppe mit
6,20 Garnelen + geröst. Mandeln
Hauptgerichte
- Feldsalat mit Tomaten, Avocados
13,80 + gebr. Forellenfilet an Tranchdressing
14,90 - Spaghetti mit Rinderfiletspitzen in Tomatensauce + Parmesan
- Tomatenrisotto mit Gemüse +
15,50 feinem Kalbsragout
Dessert
- Tiramisu 6,50
- Schoko-Cognaccreme mit Sahne

☞ Kaffeehaus Krönner

Es gibt sicherlich nicht einen Garmisch-Partenkirchener, der noch nie im Kaffeehaus Krönner war. Der draußen unter großen Schirmen in der Fußgängerzone gesessen hat, drinnen, umgeben von goldigem Kaffeehaus-Flair, oder auf der Terrasse im ersten Stock mit Blick auf die Berge. Die Nussbeugerl sind schlicht und nicht zu süß, eine salzige Kleinigkeit sind frittierte Bällchen – und die Spezialität ist die „Agnes Bernauer Torte“, gewidmet der Tochter eines Badestubenbesitzers, die wegen ihrer unstandesgemäßen Beziehung zu Herzog Albrecht III. 1435 ertränkt wurde. So schrecklich ihr Schicksal, so süß ist das Mandel-Nuss-Baiser mit seiner Mokka-Buttercreme-Füllung.

Adresse: Achenfeldstraße 1, 82467 Garmisch-Partenkirchen
Tel: 0049 (0)8821 3007, Internet: www.kroenner.com
Öffnungszeiten: Täglich 9.00 – 18.30 Uhr

KRÖNNER
Bayerischer
Wurstsalat
mit Brot
€6.20
Reiberdatschi
- mit Apfelmus
€6.50
- mit Räucherlachs
€8.50
mit hausgem. Pesto,
Tomaten, Mozzarella
überbacken
€ 7.90
Original
vom Kalb
€ 16.80

HOTEL
GASTHOF
Alpenrose
Heuwägelchen

MITTENWALD

In Mittenwald kommt man sich vor, als würde man durch eine wunderschön ausgemalte Puppenstube spazieren. Kleine, blitzblank geputzte Gassen, ein Bach, der durch die Fußgängerzone plätschert, dazu der Blick auf das Karwendel – und auf die kunstvoll bemalten Häuser. Zu ihnen gehört das Neuner Haus am Obermarkt, auf dem seit 1746 unter anderem die zwölf Apostel zu sehen sind und das ebenfalls im 18. Jahrhundert bemalte Haus Fürst. In dessen Giebel sitzt der Gottvater, unter ihm sind Bibelszenen zu sehen, Heilige über den Fenstern platziert und ein Bauer, der um das tägliche Brot bittet. Auch in der Ballenhausgasse, einem der ältesten Straßenzüge Mittenwalds, gibt es zahlreiche mit Lüftlmalerei verzierte Häuser, und in der Matthias-Klotz-Straße findet man das prächtig bemalte Hornsteinerhaus und das Seitzhaus. Einen Blick sollte man aber auch unbedingt in die Pfarrkirche St. Peter und Paul werfen, ein Schmuckstück des bayerischen Rokoko. Besonders schön sind ihr bemalter Turm und die Fresken von Matthäus Günther.

Man kann in Mittenwald aber durchaus auch weltliche Freuden genießen. Vor allem in der Käse Alm, die am Dekan-Karl-Platz mitten in der Stadt liegt. Angesichts der Auswahl ist es wirklich schwierig zu entscheiden, was man zuerst probieren soll. Die Käse sind alle aus der Region, das Bauernbrot ebenfalls, und eine besondere Spezialität ist die frische, reine und vor Omega-3-Fettsäuren strotzende Heumilch, die von Kühen stammt, die im Sommer auf der Wiese stehen und im Winter mit Heu gefüttert werden.

Café

SMART TRAVELLING

GUT ZU WISSEN

Das Bayerische Alpenvorland ist groß, darum ist dieser Infoteil so klein. Hier erfahren Sie nicht alles und jedes, sondern genau das, was Sie für eine perfekte Woche brauchen. Wenige, aber genau die richtigen Informationen: Wissenswertes über die Lebensart im Bayerischen Alpenvorland, eine kleine subjektive Auswahl an Sehenswürdigkeiten, Spaziergängen und Tipps für Unternehmungen. Dazu eine Karte mit all unseren Lieblingsadressen, damit Sie nicht lange suchen müssen, sondern gleich anfangen können, das Bayerische Alpenvorland zu genießen.

DAS SOLLTEN SIE SICH ANSCHAUEN

Neues Schloss Herrenchiemsee

Aberwitzig in Pracht und Ausmaßen ist, was König Ludwig II. (1845–1886) sich auf der Insel Herrenchiemsee hat bauen lassen. Ein Schloss, das Versailles nachempfunden ist, Ludwigs Bewunderung für den französischen Sonnenkönig Ludwig XIV. ausdrückt und den seelenverwandten Größenwahn.

Dem scheuen Träumer Ludwig diente es als Zufluchtsort vor den Zwängen des Hofes, doch verbrachte er insgesamt nur zehn Tage dort. Immer kam

er nachts, ließ sich von einem Schiffer übersetzen, und schon Stunden zuvor begannen die Angestellten in mühevoller Kleinarbeit die 1848 Kerzen in dem 98 Meter langen Spiegelsaal zu entzünden.
Dann genoss der Mondkönig, als den er sich bezeichnete, die Abgeschiedenheit und zog sich in sein opulentes goldenes Schlafgemach zurück, an dessen Prachtbett die Handwerker allein sieben Jahre arbeiteten. Niemand sollte es jemals zu Gesicht bekommen, deshalb plante er, es nach seinem Tod zerstören zu lassen. Ein Wunsch, der nicht in Erfüllung ging, denn mehr als 50 Millionen Besucher haben das Schloss bisher besucht.
Neben den prächtigen Gemächern befindet sich im Museum im Augustiner-Chorherrenstift heute eine Dauerausstellung mit Gemälden der Chiemseemaler. Herrenchiemsee ist ein Touristen-Hotspot, und auch in den beeindruckenden Gärten ist im Sommer viel los. Wenn man etwas mehr Ruhe haben möchte, sollte man unbedingt einen Spaziergang um die Insel machen (siehe Wanderungen).

83209 Herrenchiemsee
Tel: 0049 (0)8051 68870
www.herrenchiemsee.de
Die Öffnungszeiten orientieren sich an den Schifffahrtszeiten und können ggf. abweichen.

Neues Schloss Herrenchiemsee
(Besichtigung nur mit Führung)
April – Ende Oktober: Täglich 9.00 – 18.00 Uhr, November – Ende März: Täglich 9.40 – 16.15 Uhr

König Ludwig II.-Museum
im Neuen Schloss
April – Ende Oktober: Täglich 9.00 – 18.00 Uhr, November – Ende März: Täglich 10.00 – 16.45 Uhr

Museum im Augustiner-Chorherrenstift mit Gemäldegalerie
Maler am Chiemsee
April – Ende Oktober: Täglich 9.00 – 18.00 Uhr, November – Ende März: Täglich 10.00 – 16.45 Uhr

Gemäldegalerie Julius Exter
April – Ende Oktober: Täglich 9.00 – 18.00 Uhr, November – März geschlossen

Die Wasserspiele finden von Anfang Mai bis 3. Oktober zu jeder vollen und halben Stunde statt.

Kloster Seeon
Mitten im Naturschutzgebiet der Seeoner Seenplatte liegt das von Schilf

gesäumte benediktinische Reformkloster. Verwunschen ist der Weg dorthin, der über eine alte Holzbrücke führt. Das leuchtend weiße Kloster, heute ein Kultur- und Bildungszentrum, ist etwas überrenoviert und wirkt stellenweise fast steril. Doch die barocken Klosterbauten, die nach einem Brand 1561 neu errichtet wurden, sind dennoch einen Besuch wert und vor allem auch die mit Renaissancefresken ausgemalte Klosterkirche. Hier war schon der junge Mozart zu Gast.

Klosterweg 1, 83370 Seeon
Tel: 0049 (0)8624 8970
www.kloster-seeon.de

KUNST IM CHIEMGAU

Die Chiemseemaler

Mitte des 19. Jahrhunderts kehrte eine Gruppe Maler der Münchner Kunstakademie dem strengen klassizistischen Stil den Rücken, wandte sich dem anbahnenden Impressionismus zu und zog in die Natur – und zwar an den Chiemsee. Sie stellten ihre Staffeleien auf der Fraueninsel und am Südufer des Chiemsees auf und begannen die Naturstimmungen einzufangen. Zu den Wegbereitern zählt Eduard Schleich d. Ä. (1812–1874), es folgten Karl Raupp (1837–1918), Josef Wopfner (1843–1927) und später auch der berühmte Max Slevogt (1868–1932), der seinen Malstil nach den Erfahrungen im Ersten Weltkrieg später radikalisierte.
Im 20. Jahrhundert ließ sich der Expressionist Julius Exter (1863–1939) in Übersee nieder und gründete auf dem Grundstück des heutigen Hotels Chiemgauhof eine Akademie.
Immer wieder begegnen einem die Gemälde der Chiemseemaler. Viele von Julius Exter sind in seinem Bauernhaus in Übersee-Feldwies zu sehen. Das Augustiner-Chorherrenstift Herrenchiemsee widmet den Künstlern eine Ausstellung.

Künstlerhaus Julius Exter

Als der Maler Julius Exter von München an den Chiemsee zog, erstand er 1902 in Feldwies ein Chiemgauer Bauernhaus und richtete sich in dessen Scheune sein Atelier ein. Die Kraft seiner vor Farben pulsierenden Bilder, seiner leuchtenden Landschaften und Porträts findet man auch auf seinem Anwesen mit dem prächtigen, von Obstbäumen gesäumten Blumengarten wieder. Die Wände in seinem Haus hat er farbig gestrichen, mit Bordüren geschmückt und mit Sockeln bestückt. In seinem großen Atelier sind auch einige seiner Bilder zu sehen. Weitere befinden sich in der Exter-Gemäldegalerie im Augustiner-Chorherrenstift Herrenchiemsee (siehe Schloss Herrenchiemsee).

Blumenweg 5,
83236 Übersee-Feldwies
Tel: 0049 (0)8642 895083
Frühjahr – Herbst: Dienstag – Sonntag 17.00 – 19.00 Uhr

FRANZ MARC MUSEUM

Franz Marc Museum

1914 erwarb der „Blaue Reiter" Franz Marc (1880–1916), einer der bedeutendsten deutschen Expressionisten, ein Haus bei Kochel am See und arbeitete dort an seinen letzten großen Gemälden. Seit 1986 zeigt das dortige Franz Marc Museum sein Werk und stellt es Malern seiner Zeit wie den Künstlern der „Brücke" gegenüber. In Wechselausstellungen werden verschiedene Aspekte der umfangreichen Sammlung präsentiert, zu denen auch Arbeiten von August Macke, Emil Nolde, Ernst Ludwig Kirchner, Lyonel Feininger oder Henri Matisse gehören, und es werden immer auch Bezüge zu zeitgenössischer Kunst hergestellt. Dazu gibt es Einblicke in Marcs Leben und in seine visionären Theorien. Das Museum, seit 2003 durch einen modernen Anbau erweitert, liegt idyllisch am Berghang und so nah am See, dass es einen eigenen Bootsanleger gibt.

Franz-Marc-Park 8-10,
82431 Kochel am See
Tel: 0049 (0)8851 924880
www.franz-marc-museum.de
April – Oktober: Dienstag – Sonntag 10.00 – 18.00 Uhr,
November – März: Dienstag – Sonntag 10.00 – 17.00 Uhr

Skulpturenweg Obing

Rund um den Obinger See führt ein idyllischer Pfad vorbei an zeitgenössischen Skulpturen. 1999 initiierten der Bürgermeister des Ortes und der Bildhauer Hans Thurner den Rundgang mit über 20 Arbeiten regionaler Künstler. Am Eingang schreitet man durch ein „Tor“ mit einem großen Marmorblock des Künstlers Rudl Endriß, man kommt an der nackten „Frau im Schilf“ von Johannes Stellner vorbei, während Michaela Biets eine Steinplatte mit stilisierten Ringen im See platziert hat. Die Kunst raus aus den Galerien und hinein in die Natur zu bringen ist das Anliegen des Skulpturenwegs und so die meist abstrakten Arbeiten den Interessierten näher zu bringen. Die Wanderung dauert etwa eine Stunde, es werden auch Führungen angeboten. Im Rathaus Obing, Zimmer 4, ist ein Begleitheft mit Beschreibungen der einzelnen Arbeiten und den Lebensläufen der Künstler erhältlich.

Obinger Skulpturenweg, 83119 Obing
www.vg-obing.de
(unter Obing/Sehenswertes)

MUSEEN

Bauernhausmuseum Amerang

In Amerang wird der ländliche Alltag im Chiemgau lebendig. Inmitten von Gärten und Streuobstwiesen kann man in diesem Freilichtmuseum verschiedene Bauernhäuser und Werkstätten besichtigen und tief in Leben und Geschichte eintauchen, die bis ins 16. Jahrhundert zurückführt. Die Hauser wurden von unterschiedlichen Orten nach Amerang transportiert, und 17 historische Gebäude sind heute zu besichtigen, dazu Möbel, Textilien und Arbeitsgerät, ein Bienenhaus und eine Getreidemühle. Damit die Zeitreise auch komplett ist, sind die Felder um die Gebäude herum wie einst mit Getreidesorten und Feldfrüchten bestellt. Immer finden auch Ausstellungen statt, die sich zum Beispiel Bauern im Himalaja und anderen Orten der Welt widmen.
Das Gelände ist leicht begehbar, und ein Audio-Guide sorgt für zusätzliche Informationen. Wer tiefer eintauchen möchte, kann auch eine Führung buchen.

Hopfgarten 2, 83123 Amerang
Tel: 0049 (0)8075 915090
www.bhm-amerang.de

1. April – 6. November: Dienstag – Sonntag 9.00 – 18.00 Uhr, an Feiertagen auch Montag geöffnet

Geigenbaumuseum Mittenwald

Bereits im Barock war Mittenwald eines der weltweit bedeutendsten Zentren des Geigenbaus – und bis heute setzt sich diese Tradition fort. Der berühmte Sohn der Stadt, Matthias Klotz, der mit einem Denkmal vor der Pfarrkirche St. Peter und Paul geehrt wird, gründete um 1685 die erste Geigenmacherwerkstatt und machte Mittenwald berühmt, sein Sohn Sebastian I. baute wohl eine Geige, auf der Mozart zeit seines Lebens spielte. Einen Blick in die Vergangenheit kann man in dem hübschen Museum werfen, das nicht nur eine umfassende Instrumentensammlung hat, sondern den Geigenbau auch haptisch nahebringt. In einer Schauwerkstatt kann man Holz befühlen oder an Lacken riechen, und bei Führungen wird die Geigenbaukunst lebendig. Dazu gibt es Musik, Filme und Dokumente aus dem Leben der Klotz-Familie, es wird über Mittenwalder Kultur, Werkzeuge und Handel informiert.

Ballenhausgasse 3, 82481 Mittenwald
Tel: 0049 (0)8823 2511
www.geigenbaumuseum-mittenwald.de
Hauptsaison: Dienstag – Sonntag 10.00 – 17.00 Uhr, Nebensaison: Dienstag – Sonntag 11.00 – 16.00 Uhr

Heimatmuseum Prien

Seit 1913 pflegen die Bewohner von Prien am Chiemsee ihre Heimatkultur in einem Museum, das in einem Bauernhaus mit Lüftlmalerei von Bartholomäus Wappmannsberger untergebracht ist. In mehr als 20 Räumen sind historische Bauernstuben, ein Biedermeierzimmer, Fischereigerätschaften, Chiemgauer Trachten und der berühmte Priener Hut mit seinen Goldquasten zu sehen. Zu den Prunkstücken gehören Jagdhut, Medaillon und eine Zigarre des Prinzregenten Luitpold (1821–1912), und seit 2012 zeigt eine Sonderausstellung „Künstlerlandschaft Chiemsee“ Werke von Karl Raupp, Josef Wopfner, Hiasl Maier-Erding und Rudolf Sieck. Vor dem Museum ist ein Bauerngarten angelegt.

Valdagnoplatz 1,
83209 Prien am Chiemsee
Tel: 0049 (0)8051 92710
www.kultur-prien.de

April – Ende Oktober: Mittwoch – Sonntag 14.00 – 17.00 Uhr

Lokschuppen

Die alte Rosenheimer Lokomotivenremise, die 1988 zum Museum ausgebaut wurde, gehört zu den zehn erfolgreichsten Ausstellungshäusern in Deutschland. In dem halbrunden Gebäude finden spektakuläre Schauen über Bajuwaren, Dinosaurier, die Unterwasserwelt, Alexander den Großen (2013) oder die Inka (2014) statt. Begleitet werden die Ausstellungen von zahlreichen Veranstaltungen.

Rathaustr. 24, 83022 Rosenheim
Tel: 0049 (0)8031 3659036
www.lokschuppen.de
Ende März – Anfang November: Montag – Freitag 9.00 – 18.00 Uhr, Samstag und Sonntag 10.00 – 18.00 Uhr

ZWIEBELTÜRME

Schönste Zwiebelhauben krönen die Kirchen in der Region, unten bauchig und oben spitz zulaufend, und sie sitzen meist auf den Türmen der zahlreichen Barockkirchen. Der Münchner Kunsthistoriker Wilhelm Hausenstein sah in den Zwiebeltürmen die perfekte barocke Kombination aus „der Bewegung ins Übersinnliche und dem Verharren in den Wölbungen des Sinnlichen". Glaubt man der Legende, war es jedoch ein Irrtum, dass sie ihren Weg nach Bayern fanden. Als der Baumeister Jörg von Halspach im 15. Jahrhundert die Türme der Münchner Frauenkirche entwarf, hatte er den mit Holzschnitten illustrierten Reisebericht Bernhard von Breidenbachs vor Augen, der von einer Pilgerreise ins Heilige Land erzählt. Den Holzschnitt des Jerusalemer Felsendoms hielt Halspach für den Tempel Salomos – und nahm ihn zum Vorbild für die Frauenkirche. So setzte er den Türmen der Frauenkirche die Zwiebeln eines islamischen Kunstwerks auf – und bayerische Barockbaumeister folgten seinem Beispiel ...

MAIBÄUME

Ein Maibaum ist hoch, verziert und unter seiner Spitze mit einem Kranz gekrönt. Am 1. Mai wird er erst durchs Dorf getragen und dann in einer feierlichen Zeremonie aufgestellt. In Bayern ist der Stamm in einer Spirale von unten links nach oben rechts weiß-blau bemalt – in Anlehnung an die bayerischen Rauten, die den Himmel darstellen. Es ranken sich viele widersprüchliche Erklärungen darum, woher die Maibaum-Tradition stammt. Sicher ist, dass er in dieser Form seit dem 16. Jahrhundert bekannt ist, als Kirchweihbaum, als Ehrenmaibaum für einzelne Personen oder Familien, und speziell in Bayern als Ortsmaibaum, der das Selbstbewusstsein eigenständiger Gemeinden symbolisiert.

LÜFTLMALEREI

Schöner bemalte Fassaden als die bayerischen findet man selten: Heilige, die über Türrahmen und Fenstersimsen sitzen, Handwerksmeister, die mit ihren Werkzeugen posieren, Bauern bei der Ernte, immer wieder Sonnenuhren, Spruchbänder und Malereien, die ganze Geschichten erzählen.

Die Straßen in Mittenwald, in denen die Lüftlmalerei besonders stark vertreten ist, verwandeln das Städtchen in eine begehbare Gemäldegalerie. Aber auch überall in anderer Form begegnet sie einem. Die Bilder der illusionistischen Fassadenmalerei werden in Freskotechnik auf den noch feuchten Kalkputz aufgetragen, sodass die Farben tief in den noch feuchten Mörtel eindringen. In Mittenwald wird die Tradition bis heute fortgesetzt mit modernen Techniken wie der Seccomalerei, bei der die Farben auf trockene Wände aufgetragen werden und leuchtender und planer wirken.

Wahrscheinlich wurden die Malereien nach dem Haus „Zum Lüftl" des Oberammergauer Fassadenmalers Franz Seraph Zwinck (1748–1792) benannt.

DIE KUNST DES DIRNDLS

„Würde jede Frau ein Dirndl tragen, gäbe es nur Schönheit auf der Welt", hat die grandiose Modedesignerin Vivienne Westwood gesagt. Und sie hat recht. Schönste Farben, liebevolle Details, ausgesuchte Stoffe und ein Schnitt, der die Stärken eines Frauenkörpers perfekt hervorhebt und die Schwächen kaschiert.

Seinen Namen hat das mehrteilige Kleid von dem Wort Dirn, was ursprünglich junges Mädchen hieß – und das Dirndl ist keineswegs eine ländliche Tracht, sondern war erst Dienstbotentracht und wurde ab Ende des 19. Jahrhunderts vom städtischen Publikum verfeinert. Ging es in die Sommerfrische, trugen die Damen das Dirndl ein wenig lasziv als ländliches Kleid, nach dem Ersten Weltkrieg war es eine preiswerte Alternative zu den wesentlich teureren Trachten.

Heute sind Dirndl wieder in, sie werden auf Volksfesten und auch wieder viel im Alltag getragen – klassisch mit weißer Puffärmelbluse, Schultertuch und Kropfband.

DIE LEDERHOSE

Sie kommt in zwei Längen daher: Als „Kurze" wird sie bei der Arbeit getragen, als Kniebundhose an Festtagen. Ihr „Hosentürl", der Latz, ist bestickt, rechts am Bein ist eine Messertasche eingearbeitet, und manchmal hat sie eine „Arschnaht", die im Bogen über den Allerwertesten führt. Zur „Kurzen" trägt man Haferlschuhe mit seitlicher Schnürung, zur Kniebundhose gehören noch Bundhosenstrümpfe und manchmal auch ein federkielbestickter Ranzen, ein breiter Gürtel, zur Geldaufbewahrung. Das Hemd ist weiß – und perfektioniert wird das traditionelle Outfit mit Strickstulpen um die Waden und einem Hut mit Gamsbart oder Federn auf dem Kopf. Im Chiemgau und Voralpenland gehört die Lederhose bis heute zur Alltagskleidung, sie ist oft handgefertigt und hält jahrzehntelang.

FESTIVALS

Festivo

Im Juli/August verwandelt sich Aschau in die Bühne für das Kammermusikfestival Chiemgau. Ob in der ehemaligen Getreide- und Sägemühle Högermühle Hohenaschau, dem stuckverzierten Preysingsaal auf Schloss Hohenaschau oder der Festhalle – zwei Wochen lang ist Musik Trumpf, und zwar mit internationalen Interpreten. Die Karten sind heiß begehrt, und man sollte unbedingt rechtzeitig reservieren.

www.festivo.de

Chiemsee Reggae Summer

Mit mehr als 25 000 Besuchern an drei Tagen ist das Festival in Übersee mittlerweile eines der größten Reggae-Events Europas geworden und arbeitet gerade daran, auch Europas ökologischstes Festival zu werden. Seit der Chiemsee Reggae Summer 1995 begann, ist er regelmäßig ausverkauft, und auf den Chiemsee-Bühnen treten Ragga- und Dub-Größen, Newcomer und Top-Acts wie Jimmy Cliff, Jan Delay, Shaggy, Peter Fox oder Max Herre auf. Es gibt DJs und andere Special Acts.

Almfischer 11, 83236 Übersee
Tel: 0049 (0)8621 646464
www.chiemsee-reggae.de

Herrenchiemsee FESTSPIELE

Herrenchiemsee Festspiele

Einfach nur schön sind diese Festspiele, eine Art Volksfest in der prächtigen Kulisse des Märchenschlosses von Ludwig II., der Richard Wagner einst finanziell unterstützte. Mit dem Schiff setzt man zum Konzert auf die Insel über, am Anleger warten Pferdekutschen, oder man läuft einfach kurz zu Fuß durch den prächtigen Garten. Auf der Bühne stehen Größen der Klassik, das Programm folgt jährlich einem Motto, das vom „Bachfest“ zu

„Leiden an Wagner“ und „Barocken Phantasien“ reicht.

www.herrenchiemsee-festspiele.de

Sommerkonzerte Schloss Amerang

Im beeindruckenden, mehrstöckigen Renaissance-Arkadenhof aus dem 16. Jahrhundert – und bei perfekter Akustik – finden auf Schloss Amerang Sommerkonzerte statt, bei denen man sich wie in Italien fühlt. Nach einem Sonnenuntergangsdrink auf der idyllischen Schlossbrücke gibt es Klassik bei Kerzenschein, und danach kann man noch ins Gewölberestaurant einkehren.

www.schlossamerang.de

Opernfestival Gut Immling

Als das Open-Air-Festival in einem regnerischen Sommer 1997 in die ehemalige Reithalle auf Gut Immling ausweichen musste, war man begeistert von der dortigen Akustik. Seither finden dort zwischen Juni und August aufwendige Operninszenierungen von Verdi oder Mozart statt. Bis zu 16 000 Besucher zieht es jährlich auf den idyllischen Gutshof, und sie lauschen internationalen Sängern und sogar der ein oder anderen Uraufführung.

www.gut-immling.de

Saitensprünge Bad Aibling

Gitarristen aus aller Welt zieht es alljährlich auf das Festival, das Klassik, Jazz, Rock oder Folk bietet und eine Mischung aus internationalen Stars und einheimischen Talenten. Im Kurhaus Aibling wird aus den Gitarrensaiten herausgeholt, was das Instrument zu bieten hat – von Flamenco- und Tango-Künstlern, Singer-Songwritern, Jazzern, Popmusikern, Volksmusik-Künstlern oder klassischen Gitarristen.

www.saitenspruenge.com

KINO IM CHIEMGAU

Marias Kino

Dieses Kino ist eine Institution. Gleich mehrfach mit dem Bayerischen Filmpreis ausgezeichnet, zeigt es seit 1953 ein anspruchsvolles Programm. Das geht zurück auf die leidenschaftliche Cineastin Maria Stadler, von allen Kino-Maria genannt, die 1945 den

Lieferwagen ihres Vaters gegen eine „Kinomaschine" eintauschte, erst im Saal des Gasthauses Münchner Kindl Filme projizierte, bevor sie ihr eigenes Kino eröffnete. Sie leitete es, saß an der Kasse, war Platzanweiserin, Filmvorführerin, Putzfrau und hackte auch das Holz zum Beheizen des Kinosaals selbst. Als sie 1994 mit 80 Jahren verstarb, wurde das Kino in ihrem Sinne weitergeführt – mit Arthouse-Programm, Kinderfilmen, Dokumentationen und Grand Opera und im originalen Design.

Eisenbartlinger Weg 4,
83093 Bad Endorf
Tel: 0049 (0)8053 9318
www.marias-kino.de

Kino Utopia

Das Programmkino mitten in Wasserburgs Altstadt verbindet anspruchsvolles Arthouse mit dem ein oder anderen Kassenschlager. Dort läuft der neue James Bond neben Dokumentationen über die allzu moderne Hetze durch das Leben, über das Wunder Wald, dazu gibt es amerikanisches Independent-Kino, und Marianne Sägebrecht und andere Schauspieler und Regisseure schauen immer mal wieder zu einer Premiere vorbei. Vielfach wurde das Kino ausgezeichnet, und ein besonderes Erlebnis ist das sommerliche Open-Air-Kino im Amphitheater „Am Stoa" bei Edling. Bis zu 1400 Zuschauer strömen an lauschigen Abenden zu dem besonderen Ort, sitzen auf den grasbewachsenen Rängen und zahlreichen Stühlen, die rundherum aufgestellt werden.

Herrengasse 6,
83512 Wasserburg am Inn
Tel: 0049 (0)8071 6206
www.kino-utopia.de

Filmriss Aschau

„Into The Wild", vorgeführt an der Klausgraben-Hütte, „Hair" im Aschauer Park, „Die tollkühnen Männer in ihren fliegenden Kisten" in der Flugschule – und dazu immer wieder Zuschauer, die gemäß dem Filmthema gekleidet sind. Das mobile Kino lässt Filme an den zu ihnen passenden Orten in Aschau flimmern. Die Termine werden plakatiert und im Internet angekündigt.

Tel: 0049 (0)8052 909080
www.filmriss-aschau.de

Baden

Fast überall am See kann man ins Wasser. Von Stegen aus, in kleinen Buchten, an großen Sandstränden – und in Strandbädern. Sie gibt es unter anderem in Bernau, Breitbrunn, Chieming und in vielen anderen Orten rund um den See. Im Strandbad Übersee ist es nachmittags am schönsten, wenn es nicht mehr so voll ist, und bei Übersee befindet sich auch der einzige FKK-Strand.
Besonders idyllisch ist es im Schafwaschener Winkel am nordwestlichen Teil des Sees, der fast wie ein kleiner Nebensee des Chiemsees wirkt. Bei Rimsting liegt die Schafwaschener Bucht und daneben am Seehof ein kleines lauschiges Strandbad mit Liegewiese (Schafwaschen 6, 83253 Rimsting).

Mit dem Boot

Die schönsten Aussichten hat man, wenn man sich ein Boot mietet und selbst auf den Chiemsee hinausfährt. Ob mit dem Ruder-, Tret-, Elektro- oder Segelboot oder gar mit einer Jacht. Nur Motorboote sind verboten, und die Wasserqualität dankt es.
Bei der Traditionswerft Grünäugl in Gstadt (www.gruenaeugl-chiemsee.de, Tel: 0049 (0)8054 90880) gibt es das ganze Sortiment zu mieten, aber auch in den anderen Orten ist die Auswahl groß, z. B. beim Bootsverleih Schraml in Prien, in der Segelschule Chieming oder der Chiemsee-Segelschule Seebruck. Mitfahrplätze auf Jachten oder Segelbooten werden unter www.chiemsee-segeln.de angeboten. Legen Sie für ein Picknick auf der unbewohnten Krautinsel an!

Mit dem Fahrrad

Ein eigens ausgebauter 65 Kilometer langer Fahrradweg führt um den Chiemsee – mit schönsten Aussichten und vielen Orten zum Zwischenstopp. Wollen Sie den See nicht ganz umradeln, können Sie das Fahrrad jederzeit mit aufs Schiff oder in den Bus nehmen. Direkt am Chiemsee-Uferweg liegt zum Beispiel der Fahrradverleih Fritz Müller (www.fahrradverleih-chiemsee.de), oder Sie mieten ein Elektrofahrrad bei dem preisgekrönten Verleih Chiemgauer Rückenwind (www.additive-bikes.com), der ein großflächiges Netz von über 25 Verleih- und Aufladestationen unterhält.

BAYERISCHE SPEZIALITÄTEN

Die bayerische Küche ist deftig – und traditionell sehr fleischlastig. Doch in den letzten Jahren haben sich auch immer mehr italienische und österreichische Einflüsse durchgesetzt. Als Vegetarier muss man keineswegs verhungern und auch nicht nur die köstlichen Spinatknödel mit Parmesan essen, die häufig angeboten werden. Längst gibt es auch Variationen wie den Rote-Beete-Knödel mit Gorgonzola, Salat ist ein Muss, und Gemüse gibt es in großer Auswahl. Vor allem aber ist die Chiemgauer Küche regional, es werden hauptsächlich Produkte aus der Umgegend verwendet, von denen es reichlich gibt. Renken, Brachsen und viele andere Fische tummeln sich im Chiemsee, es gibt saftiges Weideland, Almen und Käsereien.

Das Bewusstsein für Traditionen hat man sich bewahrt, und alte Gerichte werden häufig verfeinert, wie Essig-Knödel, einem einstigen Arme-Leute-Essen, bei dem die übrig gebliebenen Knödel mit köstlicher Vinaigrette angemacht sind, oder Brotsuppe mit altbackenen Kanten, die mit Brühe und Knoblauch serviert werden.

Einige Klassiker

Weißwurst Frühmorgens wird die ungepökelte Brühwurst hergestellt – aus fein gemahlenem Kalb- und Schweinefleisch, Schweinerückenspeck und Gewürzen. Man isst sie vornehmlich vormittags als Imbiss mit süßem Senf und einer Brezn, und wer möchte, mit einem Weißbier dazu. Aber Achtung: Der Darm wird nicht mitgegessen, stattdessen wird die Weißwurst „gezuzelt“, indem man sie in die Hand nimmt und das Fleisch mit den Zähnen herauszieht. Wer es vornehmer halten möchte, halbiert sie der Länge nach und schiebt die Wurst mit dem Messer auf den Teller.

Wollwurst Sie ist länger und dünner als die Weißwurst und hat so hübsche Spitznamen wie „Nackerte" oder „Geschwollene". Hergestellt wird sie ebenfalls aus Kalb- und Schweinefleisch, meist jedoch ohne Petersilie und mit weniger Schwarten. Die Nackerte wird ohne Darmhülle direkt in kochendes Wasser gespritzt, zehn Minuten gegart und schließlich abgeschreckt, wodurch sie ihre weiche Haut bekommt. Dann wird sie in Milch getaucht und gebraten, bis sie goldgelb ist. Oft wird sie mit Bratensauce serviert.

Schweinsbraten Kein Gasthof, bei dem dieses Traditionsgericht nicht auf der Karte steht. Nacken, Rücken und Schulterstücke des Schweins werden gebraten, meist mit Gemüse zusammen geschmort und mit Kümmel, Majoran, Koriander und etwas Knoblauch gewürzt. Die typische bayerische Sauce, auch Biersauce genannt, entsteht durch die Zugabe von Dunkelbier. Warm isst man Schweinsbraten mit Rotkohl, Kraut und Knödeln, kalt mit Kren (Meerrettich) und Brot.

Schweinshaxn Weil man in früheren Jahrhunderten alle Teile der hausgemästeten Sau verzehren wollte, begann man das Garen der Haxn zu kultivieren – und heute zählt die Schweinshaxn zu den Spezialitäten der bayerischen Küche. Das Fleisch ist stark durchwachsen und von einer dicken Fettschicht umgeben, wird sehr lange im Ofen gegart, ist anschließend wunderbar zart und aromatisch und die Schwarte knusprig.

Leberkäs 1776 servierte der Metzger des Hofes den bayerischen königlichen Herrschaften eine Komposition aus fein gehacktem Schweine- und Rindfleisch, das er in einer Brotform gebacken hatte. In guten Metzgereien wird der Leberkäs, der übrigens keine Leber, sondern neben dem Fleisch Speck, Wasser, Zwiebeln, Salz und Majoran enthält, zweimal am Tag – frühmorgens und nachmittags – frisch gebacken.

Leberknödelsuppe Für diese heiß geliebte Spezialität werden fein gemahlene Rinderleber mit Speck, Zwiebeln, Eiern, Semmeln, Petersilie und Schnittlauch zu kleinen Knödeln geformt, die anschließend in heißer Fleischbrühe gegart werden.

Brezn Seit Beginn des 14. Jahrhunderts ist die Brezn, die aus Weizenmehl, Malz, Salz, Hefe und Wasser besteht, das Zunftzeichen der Bäcker. Und sie herzustellen ist nicht so einfach. Damit ihre ineinander verschlungene Form gelingt, verwendet der Bäcker eine bestimmte Wurftechnik, mit der sie in einer ruckartigen Bewegung entsteht. Anschließend müssen nur noch die Enden angedrückt werden. Manchmal dauert es Jahre, um den „Wurf" zu beherrschen. Die Brezn gehört zur Gruppe der „Gebildbrote", um die sich viele Mythen ranken. Mit Salz bestreut wird sie als Laugenbrezn serviert.

Knödel Er wird auch die bayerische Weltkugel genannt – und kommt in zahlreichen Varianten auf den Teller. Es gibt Kartoffelknödel, Serviettenknödel, Leberknödel und die berühmten Semmelknödel, für die altbackene Semmeln in warmer Milch aufgeweicht werden. Moderne Varianten sind Spinat- oder Rote-Beete-Knödel.

Obazda Die pikante bayerische Käsecreme begann ihre Karriere in den 1920er-Jahren im Weihenstephaner Bräustüberl, wo die Wirtin Katharina Eisenreich sie ihren Gästen zur Brotzeit anbot. Reifer Camembert wird dafür mit Butter, Zwiebeln, mit Rosenpaprika und Kümmel vermengt. Manchmal wird auch etwas Weißbier eingerührt.

Adelholzener Wasser Man kennt das Adelholzener Heil- oder Mineralwasser aus den Bioläden, in Bayern hingegen findet man es überall. „Liebe sei Tat" heißt das Credo der Barmherzigen Schwestern, aus deren Adelholzener Alpenquelle es stammt, die bereits 283 n. Chr. entdeckt wurde. Heute exportieren die Schwestern und ihre über 1000 Mitarbeiter das Wasser in viele Länder, und die Erlöse gehen an Hilfsbedürftige und Kranke.

SHOPPING IN PRIEN

In Prien am Chiemsee lässt es sich auf kleinstem Raum gut bummeln. Geht es um internationale Mode, ist man in den den „Scala"-Läden genau richtig, denn hier weht ein Hauch von Prêt-à-porter durch die Provinz. Stücke von Dries van Noten, Stella McCartney, Marc Jacobs, Martin Margiela, Celine und mehr als 30 anderen Designern reihen sich an den Stangen aneinander, dazu gibt es T-Shirts, Jeans, Schuhe und Accessoires.

In der kleinen, offenen Passage der „Scala" liegt auch ihr Männermoden-Geschäft, gibt es weitere kleine Läden mit ausgesuchter Wäsche, Seifen und hübschen Kleinigkeiten.

Ganz in der Nähe ist das Feinkostgeschäft „Heidi's Obstkorb" – und hier findet sich vieles, was das Herz begehrt. Die frischen Kräuter, die Salate und Gemüse stammen von einheimischen Gärtnern und sind unbehandelt. Luftgetrocknete Schinken, Salamis und Käse kommen aus kleinen französischen und italienischen Sennereien. Dazu gibt es Cracker von The Fine Cheese Company aus Bath, Taralli von Bontà Lucane, Sardinen von Olasagasti – und mehr als 500 Weinsorten.

Rast macht man anschließend am besten in der „Juliana Essbar": bei einem Kaffee, der aus einer regionalen Rösterei stammt, äthiopischem Mokka, und auch auf einen Matcha Soy Latte, Trendgetränk in den Metropolen der Welt, muss man hier nicht verzichten. Außerdem werden Suppen, Focaccia mit Artischockencreme, Pecorino und Radicchio, Frühstück von Amerikanisch bis Japanisch samt Misosuppe angeboten, Rühreier, italienische Cantucci, französisches Nougat und viele andere Kleinigkeiten. Am schönsten ist es, das alles im idyllischen Gärtchen unter dem Apfelbaum zu genießen.

Scala
Postweg 4a,
83209 Prien am Chiemsee
Tel: 0049 (0)8051 65241
www.scala-prien.de
Montag – Freitag 10.00 – 18.00 Uhr,
Samstag 10.00 – 14.00 Uhr

Heidi's Obstkorb
Seestraße 1,
83209 Prien am Chiemsee
Tel: 0049(0)8051 64923
Montag – Freitag 8.30 – 18.00 Uhr,
Samstag 8.00 – 15.00 Uhr

Juliana Essbar
Schulstraße 2,
83209 Prien am Chiemsee
Tel: 0049 (0)8051 9614786
Montag – Samstag 8.00 – 19.00 Uhr,
Sonntag 9.00 – 18.00 Uhr

Ein besonderer Concept Store in Rosenheim

Andrea Körber

Wenn sie sich nur um Mode kümmern würde, verlöre sie die Bodenhaftung, sagt Andrea Körber, die einen spannenden Concept Store, der ihren Namen trägt, in Rosenheim betreibt. Deshalb kann man bei ihr auch Möbel kaufen, schönstes Interior von Designer-Sofas über Wohn-Accessoires von Missoni, Kenzo oder Mulberry bis hin zu den steinernen Hunde-Skulpturen, die in diversen schicken Hotels im Chiemgau wie Zerberusse am Eingang sitzen – und natürlich jede Menge Mode. Die tollen rotbraunen Ankle Boots von Chloé gibt es dort ebenso wie Kleider von Balenciaga, Chloé, Diane von Fürstenberg, Isabel Marant, Pucci und einen eigenen Raum mit Miu Miu sowie das gesamte Sortiment der Commedes-Garçons-Parfums. Ein Shop, wie man ihn in New York erwartet – mitten in Rosenheims Altstadt.

Am Ludwigsplatz 19,
83022 Rosenheim
Tel: 0049(0)8031 353777
www.andrea-koerber.de
Montag – Freitag 9.00 – 18.30 Uhr,
Samstag 9.00 – 16.00 Uhr

ANDERS WOHNEN

Khuan Chew ist eine der erfolgreichsten Interior-Designerinnen der Welt, bekannt für die Inneneinrichtung des Hotels Burj Al Arab in Dubai. Sie hat Sultanspaläste ausgestattet, Jachten, Flughäfen, Penthäuser – und ihr Ferienhaus am Walchensee, das sie auch vermietet. Es ist weit weniger spektakulär als ihre Prestigeobjekte, sondern bietet einen schönen Mix aus modernem Design, offenen Räumen, bayerischen Akzenten und asiatischen Details samt einem kleinen Zen-Garten. Vor allem das Hauptapartment für zwei bis drei Personen ist schön und kostet ab 75 Euro am Tag.

www.landhausalpenblick.de

SCHÖNER BLICK AUF WASSERBURG

Ponterosso, rote Brücke, heißt das italienische Restaurant, das auf der „Festlandseite“ des Inns liegt und den schönsten Blick auf Fluss, Brucktor und die bunten gotischen Fassaden von Wasserburg bietet. Serviert wird moderne italienische Küche, Vitello tonnato, Kartoffelcarpaccio mit schwarzem Trüffel, Pasta, Risotto, Dorade in Zitrone oder Kalbslende mit Artischocken, aber es steht auch eine große Auswahl an Pizzen auf der Karte. Setzen Sie sich auf die große, dem Fluss zugewandte Terrasse und bestellen Sie sich einen der Aperitivi oder ein Glas Wein vom umbrischen Gut Sportoletti.

Salzburger Straße 2,
83512 Wasserburg am Inn
Tel: 0049(0)8071 1041202
www.ponterosso.de
Montag – Sonntag 11.00 – 1.00 Uhr,
(Warme Küche 12.00 – 23.00 Uhr)

BADEN IM NATURSCHWIMMBECKEN

Für Entschleunigung steht die Lodge Sillberghaus, zu der man vom Parkplatz in rund 25 Minuten den Berg hochgeht – und an einem Almbad landet, das am Wochenende auch für Tagesgäste geöffnet ist. Mit schönstem Blick in die Landschaft kann man in dem 5 x 15 Meter großen Naturschwimmbecken entspannen oder sich auf das umrandende Lärchenholz legen – oder die zahlreichen Liegen. Man muss reservieren und etwas in die Tasche greifen. Die Tageskarte kostet 39 Euro (inkl. 18 Euro Verzehr), die Halbtageskarte 29 Euro, sonntags kann man auch saunen. Serviert werden deftige Brotzeiten, Suppen, frische Klassiker und die beliebte Pflaumenschorle. Übernachten kann man im Sillberghaus nur, wenn man das ganze Haus mietet.

Tiroler Straße 70, 83735 Bayrischzell
Tel: 0049 (0)8023 533
www.sillberghaus.de

Zum Jagdschloss von König Ludwig II.

Am Schachen ganz königlich auf über 1800 Metern thront das Jagdschloss des bayerischen Märchenprinzen – und das ist, wie auch Herrenchiemsee, natürlich sehr besonders. Die fünf Wohnräume des Anwesens sind mit Zirbelholz und Ornamenten getäfelt, im türkischen Prunksaal plätschert ein Springbrunnen, in prächtigen Vasen stecken Pfauenfedern, das Licht fällt durch bunte Fenster, und alles scheint golden.

20 Bedienstete umsorgten Ludwig II. und seine Gäste, hier feierte der Bayernkönig regelmäßig seinen Geburtstag am 25. August. Heute wird an diesem Tag alljährlich eine Messe am Jagdschloss abgehalten.

Von Schloss Elmau aus folgt man dem gut ausgeschilderten Königsweg erst zum Ferchensee (circa 30 Minuten), von dort aus geht es in etwa 45 Minuten zur Wettersteinalm und dann noch mal zwei Stunden auf den 1870 Meter hohen Schachen. Das letzte Wegstück verläuft oberhalb der Baumgrenze, und man hat tolle Blicke auf das umliegende Bergpanorama. Von hier sieht man auch schon das ockerfarbene, elegante Jagdschloss, zu dem man heute nur zu Fuß kommt. Der König selbst allerdings nahm immer den Einspänner.

Toll ist auch der alpine Botanische Garten, in dem man von Juli bis September mehr als 800 Gebirgspflanzen aus aller Welt bewundern kann. Der Berggasthof Schachenhaus unterhalb des Schlosses ist von Mai bis Oktober geöffnet, und dort kann man auch übernachten.

Wanderung auf Herrenchiemsee

Schloss Herrenchiemsee ist das touristische Zentrum der Region, im Halbstundentakt legen voll besetzte Schiffe aus Prien an der Insel an. Ruhiger, auf schönen Wegen, durch Wälder und mit tollen Ausblicken auf den Chiemsee ist ein Gang den Uferweg entlang, der einmal rund um die Herreninsel führt. Ihn einmal ganz abzulaufen dauert circa zwei Stunden.

Von Marquartstein zur Schnappenkirche

Auf 1100 Metern und unterhalb des bewaldeten Hochgern-Gipfels liegt die Schnappenkirche, die 1639 nach den Plänen des Traunsteiner Stadtbaumeisters Wolfgang König fertiggestellt wurde. Sie ist in einer leichten Wanderung von circa 1,5 Stunden zu erreichen und bietet schöne Aussichten auf Grassau, den Chiemsee und das Alpenvorland.

Los geht es auf dem Wanderparkplatz oberhalb der Burg in Marquartstein. Dort beginnt ein markierter Waldweg, den man erst Richtung Schnappenberg-Windeck, später Richtung Staudacher Alm-Schnappenkirche geht. Streckenweise führt der Weg durch einen Bergwald, doch die meiste Zeit blickt man auf das Achental.

Zur Piesenhausener Hochalm in Marquartstein

Auf 1400 Metern und unterhalb des Hochplatten-Gipfels liegt die Piesenhausener Hochalm. Der Blick auf den Chiemgau und auf Kitzbühel ist einzigartig und der Käse selbst gemacht. In der Stube steht ein Tisch, an dem alle gemeinsam die Brotzeit einnehmen.

Man fährt mit der Hochplattenbahn in Marquartstein bis zur Bergstation und folgt von dort dem Weg Nr. 66. Die Gehzeit beträgt circa 1,5 Stunden.

Zur Hofalm bei Aschau

Die Hofalm liegt auf 970 Metern, hat einen tollen Senner und sehr guten Käse. Fünf Kühe liefern die Milch für die selbst hergestellte Buttermilch.

Los geht es am Heurafflerweg ein Stück hinter der Festhalle Aschau. Der Weg führt durch schönstes Grün, man blickt auf das Schloss Hohenaschau und in die Landschaft. Der Weg ist teilweise recht steil, der Aufstieg dauert circa eine Stunde.

Schmugglerweg-Wanderung in Laubau

Der Weg, auf dem früher Schmuggler ihre Waren von Deutschland nach Österreich gebracht haben, ist eine schöne, leichte Wanderroute samt Wasserfall.

Sie beginnt am Holzknechtmuseum in Laubau, wo ein Bus hält und man auch sein Auto abstellen kann. Erst geht der Weg Richtung Fuchswiese, dann durch das Fischbachtal bis zum Ende, und von dort führt dann ein kurviger Pfad ins österreichische Heutal. Auf dem Weg dorthin kreuzt man den Staubfall, der 200 Meter in die Tiefe rauscht, kommt an Almen und Gasthäusern vorbei. Es empfiehlt sich, Wanderschuhe zu tragen. Die Route kann man auch mit dem Mountainbike befahren. Sind Sie mit dem Auto unterwegs, gehen Sie dieselbe Strecke dann wieder zurück. Insgesamt dauert die Tour ungefähr 2,5 Stunden.

Gipfelrundweg auf dem Hochfelln

Ein Klassiker ist der Gipfelrundgang auf einem der höchsten und schönsten Berge der Region, dem Hochfelln auf 1674 Metern. Berühmt sind seine blühenden Hänge und freien Ausblicke über Chiemsee und Alpenvorland. Die Tour ist zwei Kilometer lang, und anschließend kann man im Hochfellnhaus, dem höchstgelegenen Gasthof im Chiemgau, die dramatische Aussicht und das selbst gebackene Brot genießen.

Nehmen Sie in Bergen die Hochfelln-Seilbahn.

HEILER-AUSFLUG

Dr. med. Leonhard Hochenegg (1942–2009) heilte mit Pflanzen und energetischer Kraft, und heute führt seine Familie seine Arbeit weiter. Drei seiner Söhne, Hans, Franz Josef und Dominik Hochenegg, unterstützen den Selbstheilungsprozess mithilfe heilenergetischer Kräfte (30 Euro pro Sitzung) und jeder Menge warmherziger Zuwendung. Im Wartezimmer des Instituts für Naturheilverfahren in Hall, das wegen des großen Andrangs auch schon mal sonntags geöffnet ist, findet sich die Dorfbevölkerung und sitzen auch immer von weither Angereiste. Es werden zudem Tee-Mischungen, Einreibungen, Salben und Tinkturen nach Rezepturen des Vaters angeboten, die traditionelle Heilpflanzen mit Naturextrakten aus dem Regenwald, indischen Kräuterpulvern und südamerikanischen Baumrinden verbinden.

Hochenegg Naturheilverfahren
Eugenstr. 1, 6060 Hall in Tirol,
Österreich
Tel: 0043 (0)5223 53405
www.hochenegg.com

„Tegernseer Seilschaften"
von Jörg Steinleitner

Jörg Steinleitner, Schriftsteller, Journalist und Rechtsanwalt, lässt Polizeihauptmeisterin Anne Loop am Tegernsee ermitteln. Nicht genug, dass sie von außerhalb stammt, alleinerziehende Mutter ist und supersexy, steckt sie ihre Nase immer wieder so tief in die Dinge hinein, dass es den Anwohnern dort überhaupt nicht passt. Auch nicht, als sie nach dem Tod von Ferdinand Fichtner, den man aufgeknüpft im Wald fand, dessen Selbstmord bezweifelt und herausfindet, dass er ein zwielichtiges Doppelleben führte. Mit einer ordentlichen Portion Lokalkolorit erzählt Steinleitner seine Geschichten, augenzwinkernd und mit viel Gefühl für die Region. Dass er auch kriminalistisches Gespür besitzt, weiß er spätestens seit 2007, als er für seinen Dokuroman „Der Fall Augustin Stiller: von einem, der spurlos verschwand" recherchierte und den entscheidenden Tipp zur Aufklärung des Falls geben konnte.
Mittlerweile hat Anne Loop in „Aufgedirndlt" bereits ihren zweiten Fall gelöst.

„Blut und Wasser"
von Roland Voggenauer

Vom Münsterland zog es Roland Voggenauer an den Chiemsee, und seither schreibt er Krimis, die in Sachrang, Wasserburg, Übersee oder auf dem Schachen spielen – und die Gegenwart immer wieder mit historischen Ereignissen verbindet.
In diesem Chiemgau-Krimi geht es nach dem Fund einer mumifizierten Leiche ins Jahr 1869 zurück und in das Leben von Anna Wimmer, die zu dieser Zeit am Chiemsee lebte. In „Übersee" hingegen schreibt Voggenauer über einen Schicksalstag Ende des Zweiten Weltkriegs in Prien, in „Kreuzweg" löst er einen Mord in Sachrang und lüftet das Geheimnis um eine spurlos verschwundene Nonne von der Fraueninsel.

FILMTIPPS

„Hierankl“ (2003)

Regie: Hans Steinbichler

Das Regiedebüt des Chiemgauers Hans Steinbichler sorgte 2003 für Furore. Hervorragend inszeniert und mit Barbara Sukowa, Josef Bierbichler, Johanna Wokalek und Peter Simonischek besetzt, lässt er bei einem Familienfest die Konflikte explodieren. Fünf Jahre nachdem Lene mit 17 von zu Hause abgehauen ist, kehrt sie zum 60. Geburtstag ihres Vaters auf das Gehöft im Chiemgau zurück, beginnt eine Affäre mit seinem besten Freund und entlockt der Mutter dunkle Geheimnisse.

„Ludwig II.“ (1972)

Regie: Luchino Visconti

Der Klassiker über den Märchenkönig, der die Geister schied, ihn als bisexuellen, hadernden und immer wieder vom Leben enttäuschten Herrscher zeigt, der langsam den Bezug zur Realität verliert. Keck nennt Luchino Visconti, der zuvor Meisterwerke wie „Tod in Venedig“ drehte, Ludwig beim Vornamen und inszeniert dessen Leben drei Stunden lang und mit einem Helmut Berger, der in jeder Szene vor Selbstverliebtheit glüht. Weitere Rollen sind mit Romy Schneider, Gert Fröbe und Trevor Howard als Richard Wagner besetzt.

„Die drei Musketiere“ (2011)

Regie: Paul W. S. Anderson

Der britische Regisseur Paul W. S. Anderson mit Wohnsitz in Hollywood ist vor allem für seine brachialen „Resident Evil“-Horror-Action-Filme bekannt, in denen er seine Gattin Milla Jovovich düstere Abenteuer bestehen lässt. 2011 allerdings zog es ihn auf Schloss Herrenchiemsee, wo er zahlreiche Szenen seiner Musketier-Verfilmung mit Til Schweiger, Mads Mikkelsen und Orlando Bloom in Nebenrollen spielen ließ. Der Erfolg war mau, die Kritiken auch, doch die Schauplätze können sich wirklich sehen lassen.

PERSÖNLICHKEIT

König Ludwig II. (1845–1886)

Die Chiemgauer lieben ihren bayerischen König, der ihnen Schloss Herrenchiemsee und sein prächtiges Jagdschloss am Schachen hinterließ. Er war ein begeisterter Schlossbauherr, Neuschwanstein inklusive, führte seine Amtsgeschäfte bis zu seiner Entmündigung 1886 gewissenhaft und interessierte sich wenig für Krieg und Politik – sondern vielmehr für die Künste, für Märchen und Sagen, aber auch für Erfindungen und neueste Technologien. Früh ließ er den Stahlbau erproben, elektrisches Licht einsetzen, förderte die Fliegerei und gründete 1868 die Polytechnische Schule, die heute die Technische Universität München ist. Mit 18 Jahren wurde er gekrönt, war nie verheiratet, aber kurze Zeit mit Sophie von Bayern verlobt, die sich jedoch wenig später nach der Bekanntgabe der Verbindung in einen anderen verliebte.

Glück fand Ludwig II. in den Opern Richard Wagners, den er ausgiebig förderte. Er finanzierte dessen „Der Ring des Nibelungen" – bis ihn die Familie auf öffentlichen Druck zwang, Wagner aus Bayern auszuweisen. Später dann ließ er sich dessen Opern vorführen, mit ihm als einzigem Gast im Publikum ...

Sein Tod ist so mysteriös, wie sein Leben es oft war. Am 13. Juni 1886 starb Ludwig II. mit vierzig Jahren an einer seichten Stelle des Starnberger Sees – und ungeklärt bleibt, ob es Mord, Selbstmord oder ein Unfall war. Bis heute wird an seinem Geburtstag, dem 25. August, auf dem Jagschloss am Schachen eine Messe für ihn gefeiert.

MEINE PERFEKTE WOCHE

Montag:

Dienstag:

Mittwoch:

Donnerstag:

Freitag:

Samstag:

Sonntag:

NOTIZEN

NOTIZEN

NOTIZEN

NOTIZEN

NOTIZEN